Melanie Öhlenbach

Pflückbar

Balkonobst & Topfgemüse

Mit **Musterkästen** zum Nachpflanzen & Naschen

KOSMOS

Inhalt

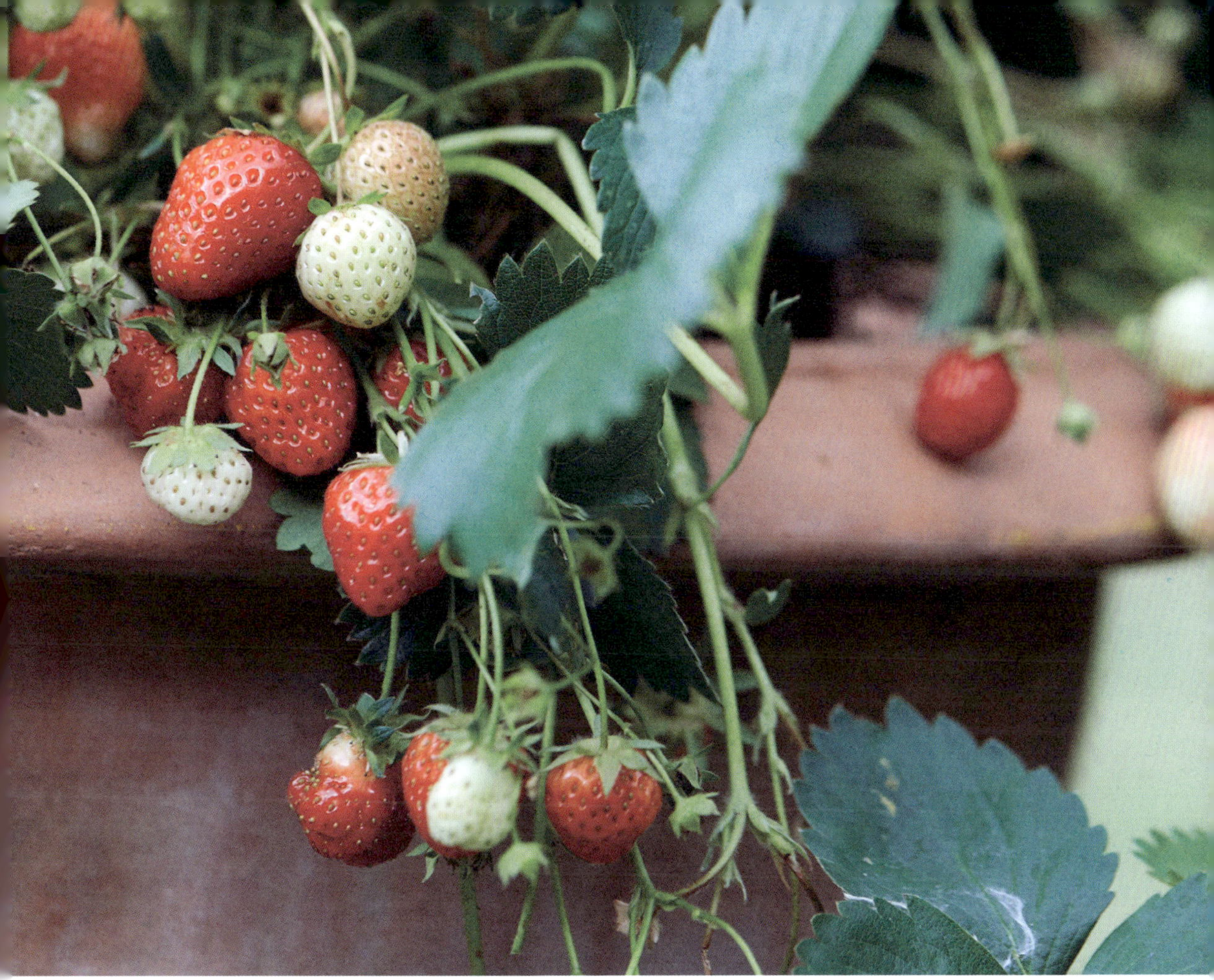

Do! *Don't*

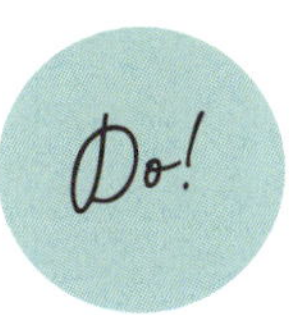

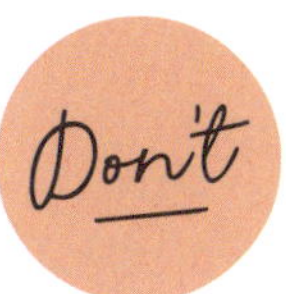

Dos und Don'ts für die erfolgreiche Ernte auf dem Balkon.

⟶ Hier erfährst du, worauf es wirklich ankommt.

Basics

Grundlagen für eine reiche Ernte

Mach deinen Balkon (zur) Pflückbar!

Vom Liegestuhl aus Tomaten und Himbeeren naschen. Frisches Basilikum im Vorbeigehen ernten für leckere Dips und coole Drinks. Klingt paradiesisch? Ist es auch! Und dieses Paradies ist nur wenige Meter entfernt – auf deinem Balkon, deiner Terrasse und sogar auf deinem Fensterbrett.

Nachhaltig genießen

Von Apfel über Marokkanische Minze bis Zuckerschote: Obst, Kräuter und Gemüse wachsen nicht nur im Beet, sondern auch in Töpfen, Kübeln und Kisten. Lange Transportwege gibt es nicht – das spart CO_2. Auch beim Aroma hat die eigene Ernte die Nase vorn: Voll ausgereift schmecken frisch gepflückte Früchte am besten.
Vom persönlichen Genuss mal abgesehen, gibt es noch weitere gute Gründe für eine Pflückbar: Ein begrünter Balkon kühlt das Stadtklima, kann Insekten und Vögeln Lebensräume bieten und schafft kleine Oasen, in denen wir dem Alltag entfliehen und entspannen können.

... und relaxen

Entspannung ist überhaupt ein wichtiger Aspekt beim Gärtnern. Nicht alles klappt – auch bei mir nicht. Mal zerpflücken die Spatzen den Jungspinat, mal kränkelt die neue Himbeere, weil sie zu schattig steht. Das ist normal und gehört dazu. Gärtnern heißt, Geduld zu haben, mit den Pflanzen und auch mit sich selbst. Mit der Zeit wirst du deinen Balkongarten und seine Bewohner besser kennen lernen, kleine und große Wunder erleben, aus Fehlschlägen lernen und Erfolge ernten. Daher: Lass dich nicht stressen und genieße dein grünes Paradies. Bei meinen Workshops sage ich gern: Irgendwas wächst immer – nur vielleicht nicht unbedingt das, was wir ausgesät haben!

Von der Hand in den Mund

In diesem Buch stelle ich dir Gemüse, Obst und Kräuter vor, die du grundsätzlich gleich verzehren kannst. Gesunde, saubere Früchte direkt vom Strauch zu naschen, gehört für

Mein Tipp

Gemeinsam gärtnern und voneinander lernen – das klappt auch prima über Social Media. Teile deine Erfahrungen auf Instagram: #meinepflückbar. Ich bin gespannt!

Viel Leckeres anzubauen, ist auch in Kübeln und Kästen möglich. Hier: Johannis- und Erdbeeren, Salat und Tomaten.

mich zu den schönsten Erlebnissen im Balkongarten. Das mache ich ohne Bedenken: Mein Balkon liegt, unter einem Dach geschützt zum Hinterhof hin, entfernt von Flug-, Bahn- und Autoverkehr. Dieser Schutz ist wichtig: In der Stadt angebaute Früchte können mit Abgasen und Feinstaub belastet sein. Die Proben seien jedoch weniger belastet, wenn die Pflanzen entfernt von Straßen aufwüchsen oder es Barrieren wie Gebäude oder dichte Gehölze gebe, so eine Studie der TU Berlin.

Checkliste

- o Was möchte ich in meiner Pflückbar ernten?
- o Welche Lage hat mein Balkon?
- o Wie viel Gewicht kann er tragen?
- o Wie geschützt sind Pflanzen vor Wind und Regen?
- o Was muss ich wirklich (neu) kaufen?
- o Wer kümmert sich im Urlaub um meine Pflückbar?
- o Wo ist mein Platz zum Entspannen?

Los geht's

Die Pflanzenporträts findest du geordnet nach Jahreszeiten, in denen du sie (mindestens) ernten kannst. Damit das klappt, muss natürlich vorher gesät und gepflanzt werden. Du kannst jederzeit loslegen: im Frühling, Sommer und sogar im Herbst! Die wichtigsten Aufgaben findest du zu Beginn der Jahreszeiten-Kapitel, Details zum Anbau in den Porträts. Und mit den Basics starten wir jetzt.

Lage, Licht und Mikroklima

Morgenrot oder Abendlicht? Die Lage deines Balkons hat Einfluss darauf, welche Pflanzen sich in deiner Pflückbar wohlfühlen. Sonnenanbeter wie Tomaten, mediterrane Kräuter und Feigen werden im Schatten verkümmern, hitzeempfindliche Salate und Radieschen in der Sommersonne leiden. Die gute Nachricht: Für jeden Standort gibt es die passenden Gewächse.

Licht und Schatten

Die Himmelsrichtung allein ist jedoch nicht entscheidend dafür, wie viel Licht deinen Balkon erreicht. Neben der Jahreszeit hat auch die unmittelbare Umgebung einen Einfluss auf die Helligkeit: Bäume, Gebäude, Balkone im Stockwerk über oder neben dir können Schatten werfen, ebenso wie das Sonnensegel, das du im Sommer spannst. Fenster und helle Wände

Pflückbar für jeden Standort

Schatten (Nord, weniger als 4 Stunden Sonne)	Asia-Salate (Sommer), Feldsalat (Sommer), Gartenkresse, Kerbel, Pflücksalat (Sommer), Pimpinelle, Spinat (Sommer), Schnittlauch, Sibirischer Portulak
Halbschatten (Ost/West, 4–6 Stunden Sonne)	Asia-Salate, Basilikum, Blaubeere, Borretsch, Gurke, Himbeere, Hirschhornwegerich, Hornveilchen, Kapuzinerkresse, Karotte, Kornblume, Mexikanische Minigurke, Minze, Petersilie, Pflücksalat, Radieschen, Ringelblume, Rucola, Sauerampfer, Speise-Chrysantheme, Spinat, Winterpostelein, Zuckererbse
Sonne (Süd, mindestens 6 Stunden Sonne)	Andenbeere, Apfel, Aprikose, Beerenobst, Feige, Feldsalat, Kirsche, Paprika, Parakresse, Pflaume, Tomate, Weinrebe, Zucchini

Mediterrane Kräuter wie Salbei lieben ein sonniges, warmes Plätzchen auf dem Balkon.

wiederum reflektieren Sonnenlicht und erhellen so dunkle Ecken. Lerne diese Besonderheiten kennen und für deine Pflückbar nutzen.

Wind und Wetter

Neben dem Sonnenlicht spielen für Pflanzen auch Temperatur und Standort eine Rolle. Ein Balkon ist ein extremer Standort: Gebäude speichern Wärme und geben sie ab, was im Winter ein Segen und im Sommer ein Fluch sein kann. Ein Dach schützt vor Nässe, bedeutet aber auch: Die Pflanzen müssen immer gegossen werden. Und an exponierten Stellen reißen Wind und Sturm ungebremst an Pflanzen, Gefäßen und Deko. Sichere immer alles gut und hänge Balkonkästen beispielsweise besser auf die Innenseite.

Eine Frage des Gewichts

Auch wenn es verführerisch ist, jeden Quadratzentimeter deines Balkons zu begrünen: Achte darauf, dass er das Gewicht tragen kann, wenn die Pflanzen groß sind und die Erde frisch gegossen ist. Statiker gehen bei modernen Balkonen von einer Traglast von 300 kg/m² aus. Besser ist es aber, bei deinem Vermieter oder deiner Vermieterin nach der Traglast des Balkons zu fragen.

Essentials für deine Pflückbar

Um deinen Balkon in eine Pflückbar zu verwandeln, brauchst du nicht viel. Mit den passenden Gefäßen, guter Erde und ein paar Geräten, die du sogar im Haushalt findest, kannst du sofort loslegen.

Gefäße

Bäckerkisten, Kaffeesäcke, ausrangierte Küchensiebe: Grundsätzlich lässt sich alles bepflanzen, was sich für Lebensmittel eignet und in dem sich kein Wasser staut. Pflanzgefäße brauchen daher in der Regel ein Loch im Boden, durch das das Gießwasser abfließen kann. Im Handel gibt es eine große Auswahl – von kleinen Töpfen bis hin zu Mini-Hochbeeten.

Große Kübel und Kisten sind ganz schön schwer, wenn sie einmal gefüllt sind. Auf einem Rollbrett oder einem Pflanzenroller lassen sie sich leicht bewegen.

Kunststoff

Kunststoff ist bei Balkongefäßen meist das Material der Wahl. Es ist günstig, leicht und in vielen Formen und Farben erhältlich. Pflanzgefäße aus Kunststoff haben Vor- und Nachteile: Dunkle Gefäße erwärmen sich in der Sonne schneller als helle. Im Frühjahr und Herbst ist das ein Gewinn. Im Sommer stresst es jedoch die Pflanzen. Die Sonneneinstrahlung lässt das Plastik zudem mit der Zeit spröde werden. Gib den Gefäßen daher ein Sommerkleid aus Jute oder einem hellen Stoff.

Natürliche Materialien

Mit Blick auf Nachhaltigkeit gärtnere ich zunehmend in Gefäßen aus natürlichen Materialien. Mein Favorit: Kisten aus Holz – selbst gebaut (60 x 40 x 30 cm) oder gebraucht vom Wochenmarkt, Obstbauern oder von Weingütern (meist etwa 30 x 40 x 20 cm oder 50 x 40 x 30 cm). Bei gleicher Größe lassen sie sich lückenlos nebeneinanderstellen oder sogar zum Hochbeet stapeln. Bei Balkonkästen stelle ich auf gebrauchte Spankörbe (38 x 15 x 11 cm) um, in denen auf dem Markt Erdbeeren oder Pilze verkauft werden. Damit keine Erde herausrieselt, lege ich sie mit Zeitungspapier oder Wollvlies aus.
Außerdem verwende ich Töpfe, Kübel und Schalen aus Terrakotta. Unglasiert sind sie luftdurchlässig und verdunsten Wasser über die Oberfläche, erkennbar an der weißen Patina. Keramikgefäße sind schwerer, teurer und zerbrechlicher als ihre Plastikpendants und

Die wächst noch: Tomaten brauchen einen großen Topf und nährstoffreiches, lockeres Substrat.

Schmale Spankisten sind natürlich schöne Balkonkästen, müssen aber nach etwa zwei Jahren ersetzt werden.

auch nicht immer frosthart. Geht ein Topf zu Bruch, lassen sich die Scherben weiterverwenden, z. B. als Namensschilder für Pflanzen und als Drainage (siehe S. 12).

Die richtige Größe

Die Größe des Gefäßes hat einen Einfluss auf das Wachstum und die Gesundheit der Pflanzen. Manche bringen besondere Vorlieben mit. In den Porträts findest du ausführliche Tipps. Bei mehrjährigem Obst ist es immer ratsam, sich nach der passenden Kübelgröße zu erkundigen. Ich nutze grundsätzlich lieber ein großes Gefäß statt mehrere kleine – hier trocknet die Erde nicht so schnell aus und ich muss seltener gießen.

Mein Tipp

Gefäße für deine Pflückbar musst du nicht neu kaufen oder selber bauen. Balkonkästen, Kübel und Kisten gibt es zuhauf über Secondhand. Verwende Töpfe von gekauften Jungpflanzen für die Anzucht – das schont Ressourcen.

Erde

Gute Erde ist die Basis für gesunde Pflanzen und eine üppige Ernte. Meine grünen Mitbewohner wachsen ausschließlich in torffreiem Substrat - und es wäre super, wenn auch du dich dafür entscheidest: So bleiben die Moore als wertvoller Lebensraum und CO_2-Speicher erhalten. Perfekt ist eine torffreie „Bio"-Erde. Sie enthält keinen aufwändig hergestellten Kunstdünger, sondern organischen Dünger aus Pflanzen oder Tieren (siehe S. 22).
Auf Spezialerden kannst du in der Regel verzichten. Sie sind nur bei Blaubeeren nötig (siehe S. 96), die einen sauren Boden mögen; oder wenn du Gemüse und Kräuter selber vorziehen willst (siehe S. 18). Torffreie Anzuchterde gilt als keimfrei und enthält weniger Nährstoffe als normale Erde. So wird Pilzbefall verhindert und die Sämlinge bilden ein gutes Wurzelwerk aus. Andere Substrate kannst du bei Bedarf selbst mischen - mit Sand, Ziegelsplitt oder einer Extraportion festem Bio-Dünger. Entsprechende Empfehlungen findest du in den Porträts.

Drainage

Staut sich Wasser in der Erde, faulen die Wurzeln. Bei Kunststoffgefäßen kann eine Drainage sinnvoll sein, damit die Wurzeln von unten belüftet werden und überschüssiges Wasser durch die Öffnung im Boden besser abfließen kann. Der Klassiker: eine Schicht aus Blähton, Ziegelsplit, Scherben von Terrakottagefäßen oder Kiesel. Trenne Drainage und Erde mit Wollvlies oder einem alten Baumwolltuch. Das speichert Wasser und du kannst die Schichten beim Umtopfen leichter trennen.

Geräte

Für deine Pflückbar brauchst du keine Hacke und keinen Spaten. Zum Graben reicht eine kleine Schaufel oder ein Löffel, zum Lockern der Erde eine Gabel und zum Gießen eine Kanne oder eine Karaffe. Als Untersetzer eignen sich ausrangierte Servierplatten und Teller. Allein für eine gute Gartenschere, die sich reinigen und reparieren lässt, lohnt der Kauf.

Alte Erde aufbereiten

Pflanzenerde musst du nicht jedes Jahr neu kaufen. Gebrauchtes Substrat lässt sich aufbereiten. Wie, das kommt auf die Qualität der alten Erde an. Mein Grundrezept: Große Wurzeln entfernen und in einem Eimer gebrauchte Erde und Kompost im Verhältnis 2:1 mischen. Sackt die Erde zusammen, einen Teil des Substrats durch frische Erde, Rindenhumus oder Fair-Trade-Kokosfaser ersetzen. Außerdem: fester, organischer Dünger als Langzeitreserve sowie Sand oder Ziegelsplitt, um die Erde durchlässig zu machen.

Mein Tipp

Auf einem nicht überdachten Balkon schützen Haube und Frühbeetkasten die Aussaaten im Frühjahr und ab Spätherbst vor Kälte, Wind und zu viel Regen.

In gestapelten Kisten lässt es sich bequem gärtnern.

Eine Drainage aus Blähton verschafft den Wurzeln Luft.

Wenn keine Gießkanne zur Hand ist: Ollas (siehe S. 21) fülle ich auch mal mit Wasser aus einem Krug auf.

Vertical Gardening

Clever in die Höhe gärtnern

Kräuterampel

Wasserdichte Pflanztaschen

Offenes Standregal

Ab in die dritte Dimension: Mit Vertical Gardening lässt sich die Höhe deiner Pflückbar optimal nutzen.

An der Wand

Offene Standregale bieten mit ihren Fächern viel Stauraum für Grün. Kisten oder alte Schubladen in einer sonnigen Ecke, versetzt aufeinandergestapelt, ergeben eine Kräuterpyramide. Wenn es erlaubt ist, kannst du Hängeregale, Kisten und wasserdichte Pflanztaschen an der Wand anbringen. Auf einem schmalen Tisch lässt es sich wie in einem Hochbeet gärtnern.

Am Geländer

Ein Balkongeländer kannst du als Spalier für dornenlose Himbeeren und Brombeeren nutzen. Nach innen hängende Pflanztaschen, Vertikal-Hochbeete aus Paletten oder auf dem Boden stehende Balkonkästen mit robusten Kräutern und Blumen bilden einen grünen Wind- und Sichtschutz.

Von der Decke

Was sich nach oben windet, kann auch nach unten baumeln: Rankende Kapuzinerkresse und Zuckererbsen, aber auch Erdbeeren und Ampeltomaten wachsen in Blumenampeln, Körben und ausrangierten Küchensieben, die von der Decke hängen.

Sicher ist sicher

Vertical Gardening lässt sich leider nicht überall umsetzen. Ganz wichtig: Frage vor der Installation nach, ob du in Mauern und Decken bohren darfst. Löcher in wärmegedämmten Fassaden sind tabu. Und: Das Mauerwerk darf durch das Gießwasser nicht feucht werden. Achte zudem darauf, dass der Balkon das zusätzliche Gewicht von Regalen, Kräutertürmen und andere Bauten tragen kann. Alles muss stets gut befestigt sein, damit es nicht umkippt oder in die Tiefe stürzt. Hänge Ampeln, Körbe und Kästen bei starkem Wind ab.

Do!

Mit Vertical Gardening lassen sich verschiedene Mikroklima-Zonen in deiner Pflückbar nutzen oder künstlich kreieren. Mit exponierten Bereichen kommen hitze- und trockenheitsverträgliche Sonnenanbeter grundsätzlich besser zurecht.

Jetzt wird's grün!

Pflanze oder Saatgut?

Jungpflanzen verwandeln deine Pflückbar sofort in eine grüne Oase. Wenn du nur wenig Zeit, Platz und Erfahrung hast, sind sie eine gute Wahl. Beerensträucher und Obstbäume sind nur als Pflanzen zu bekommen. Wähle kleinwüchsige Zwerg- oder schmale Säulenformen aus - vor allem bei den Bäumen. Auch Beerenobst gibt es zum Mini-Baum gezogen. Die Stämmchen werden aber grundsätzlich nicht so alt wie Sträucher.
Bei Saatgut ist die Auswahl größer. Viele Kräuter und Gemüse gibt es auch nur in dieser Form zu kaufen, weil sie nicht vorgezogen werden - Radieschen und Möhren zum Beispiel. Raritäten findest du auf Börsen und in Saatgutbibliotheken, im Internet und über Organisationen, die besondere Sorten erhalten (siehe S. 138).

Mein Tipp

Verwende samenfestes Saatgut, wenn du Samen für das kommende Jahr ernten willst. F1-Hybriden geben ihre Eigenschaften nicht an die nachfolgende Generation weiter. Deren Saatgut musst du also immer wieder kaufen.

Öko-Check

Egal, ob Saatgut oder Pflanze: Es gibt ein paar Kriterien, nach denen ich meine grünen Mitbewohner auswähle. Ideal wäre eine gesunde, bio-zertifizierte Pflanze, die in einer Gärtnerei um die Ecke aus unbehandeltem, samenfestem Saatgut an der frischen Luft aufgewachsen ist - ohne Pestizide, Kunstdünger, Plastiktopf und Torf in der Erde. Ich schreibe bewusst „ideal", denn leider ist das nicht die Regel. Wir müssen Kompromisse eingehen - oder Pflanzen weitestgehend selbst großziehen. Sogar im Bio-Anbau ist das Beimischen von Torf für die Anzucht noch gängige Praxis.
Bei Tomaten, Paprika, Physalis, Salaten und Küchenkräutern lohnt das Vorziehen auf der Fensterbank. Als Jungpflanzen haben sie einen Wachstumsvorsprung gegenüber Gewächsen, die direkt auf dem Balkon ausgesät werden. Der Vorteil: Wir können früher ernten und gezielt Lücken schließen.

Zu viel Grün?

Pflanzen selber Vorziehen macht Arbeit, aber auch Spaß. Außerdem können wir unsere grünen Mitbewohner von Anfang an begleiten - und auch anderen eine Freude machen. Denn meist geht mehr Saatgut auf, als wir an Tomaten, Zucchini und Physalis in unserer Pflückbar unterbringen können. Freund:innen und

Auf Tauschbörsen findest du Saatgut von seltenen Sorten und in kleinen Mengen.

Regional: Setzlinge gibt's auf Pflanzen- und Wochenmärkten, oft auch in Bio-Qualität.

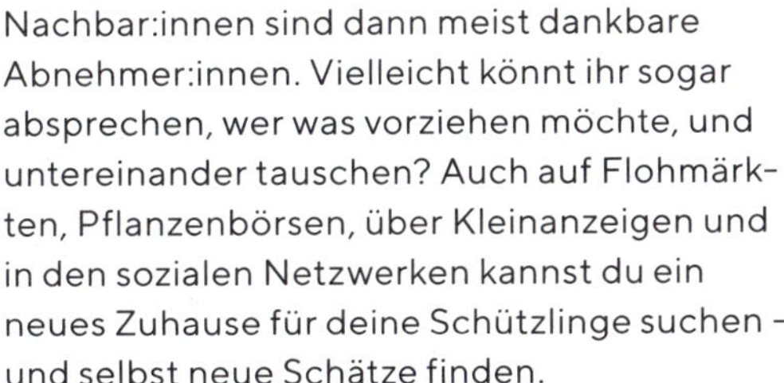

Nachbar:innen sind dann meist dankbare Abnehmer:innen. Vielleicht könnt ihr sogar absprechen, wer was vorziehen möchte, und untereinander tauschen? Auch auf Flohmärkten, Pflanzenbörsen, über Kleinanzeigen und in den sozialen Netzwerken kannst du ein neues Zuhause für deine Schützlinge suchen – und selbst neue Schätze finden.

Ab nach draußen!

Waren die Pflanzen bislang Stubenhocker, ist es ratsam, sie vor dem Umzug nach draußen schrittweise an die Freiluft-Bedingungen zu gewöhnen. Stelle sie daher ein bis zwei Wochen lang stundenweise an einen windgeschützten hellen Platz auf dem Balkon und mute ihnen jeden Tag etwas mehr Sonnenlicht und Wind zu.

Fülle das Gefäß nicht komplett mit Erde, sondern lasse etwa 3 cm unter dem Rand Platz für eine Mulchschicht (siehe S. 21).

Vor dem Auspflanzen die Pflanze noch mal intensiv gießen oder den Topf in Wasser tauchen, bis sich die Erde vollgesogen hat.

Dichte Wurzelballen vorsichtig aufreißen, damit die Pflanze besser anwächst. Setze sie grundsätzlich so tief in die Erde, wie sie zuvor im Topf stand. Ausnahmen – siehe Porträts. Gieße zum Schluss gut an. Sobald sich weitere grüne Blätter zeigen, hat sich die Pflanze eingelebt.

Aus „eins“ mach „viele“

Nicht alle Pflanzen werden über Saatgut vermehrt. Von Beerensträuchern und mediterranen Kräutern kannst du junge Triebe schneiden und als Stecklinge in frischer Erde wurzeln lassen. Erdbeeren und Minzen bilden Ausläufer: einfach abschneiden und topfen. Bei Minze, Sauerampfer, Schnittlauch und Zitronenmelisse den Wurzelstock mit einem scharfen Messer teilen.

Aussäen und pikieren

Pflanzen selber vorziehen

Do!

Größere Samen keimen schneller, wenn du sie über Nacht in Wasser vorquellen lässt. Gerade bei dicken Körnern wie Erbsen und Zucchini ist das von Vorteil. Feines Saatgut ist schwer zu handhaben. Mische es mit etwas Sand, streue es gleichmäßig auf die Erde und bedecke es bei Bedarf mit Substrat.

Das brauchst du:

1 Aussaatschale, z. B. leere Schalen für Gemüse oder Beeren aus Pappe

2 Torffreie Anzuchterde

3 Saatgut

4 Essstäbchen oder Bleistift

5 Sprühflasche

6 Holzstab als Pflanzenschild

7 **Außerdem:**
Ein Mini-Gewächshaus oder etwas aus dem Haushalt für eine durchsichtige Haube, wie z. B. Glas, Plastikgefäß, Eispackung

So wird's gemacht:

Schritt 1: Angefeuchtete Erde in die Aussaatschale füllen und leicht festdrücken.

Schritt 2: Jetzt wird gesät! Schau im Porträt oder auf der Samenpackung nach, wie tief und in welchem Abstand die Samen in die Erde kommen. Ziehe mit dem Stäbchen entsprechend Rillen in das Substrat oder bohre kleine Löcher. Lege die Samen hinein und bedecke sie mit Erde. Lichtkeimende Samen brauchen Helligkeit, damit sie aufgehen: Sie werden auf dem Substrat nur vorsichtig angedrückt.

Schritt 3: Aussaat mit der Sprühflasche anfeuchten, damit die Samen nicht ausgeschwemmt werden und die Sämlinge später nicht umknicken.

Schritt 4: Aussaaten mit Namen und Datum beschriften und auf eine helle Fensterbank stellen. Die meisten Samen keimen gut bei Temperaturen zwischen 15 und 20 °C. Ganz wichtig: Je wärmer sie stehen, desto mehr Licht brauchen sie. Ein Mini-Gewächshaus sorgt für ein günstiges Keimklima. Aussaaten gleichmäßig feucht halten. Regelmäßig lüften.

Schritt 5: Die stärksten Sämlinge pikieren, wenn sich das zweite Blattpaar nach den Keimblättern entwickelt hat: Das Stäbchen unter die Wurzel schieben und vorsichtig herausheben. Den Keimling an den Blättern festhalten. In kleine Töpfe mit frischer Pflanzenerde setzen, festdrücken und angießen.

Hegen und pflegen

Gießen und Düngen – das sind die wichtigsten Aufgaben, damit sich deine grünen Mitbewohner in der Pflückbar wohlfühlen und eine reiche Ernte bringen.

Mach mich (nicht) nass?

Alle Lebewesen brauchen Wasser – aber nicht alle in derselben Menge. Wie oft du deine Pflanzen gießen musst, hängt von ihren individuellen Bedürfnissen ab. Diese findest du in den jeweiligen Porträts. Aber auch Standort, Gefäß und Jahreszeit spielen eine Rolle: Wind und Sonne trocknen Erde schnell aus. Tatsächlich können Pflanzen auch nach einem kräftigen Regenguss auf dem Trockenen sitzen, wenn die Blätter das Wasser über den Topf hinweggeleitet haben.

Gießen mit Fingerspitzengefühl

Doch wie findest du heraus, ob eine Pflanze Wasser braucht? Ganz einfach: Stecke den Zeigefinger ein paar Zentimeter tief in die Erde. Bleibt er trocken, musst du die Pflanze in der Regel gießen.
Idealerweise greifst du in den frühen Morgenstunden zur Gießkanne. Mittags verdunstet zu viel Feuchtigkeit, abends zu wenig. Gieße sie daher zu diesen Tageszeiten nur im Notfall. Gib kleine Portionen in die Erde, direkt an den Fuß der Pflanze, und lass ihr Zeit, sich vollzusaugen. Sobald sich Wasser im Untersetzer sammelt und auch noch nach einigen Minuten darin steht, ist das Substrat gut durchfeuchtet. Sammle das Gießwasser für die nächste Runde ein: Die meisten Pflanzen mögen keine nassen Füße.

Wertvolles Wasser

Wasser ist wertvoll. Vielleicht hast du Glück und kannst eine kleine Regentonne aufstellen. Ich kann das leider nicht tun, versuche aber dennoch, so wenig frisches Leitungswasser wie möglich zu verwenden. Daher sammle ich in Eimern und Kannen „gebrauchtes" Wasser wie ungesalzenes Kochwasser von Pellkartoffeln und Eiern, Waschwasser von Obst und Gemüse, abgestandenes Mineralwasser. Im Laufe des Tages kommt so einiges zusammen!

Bewässerungshilfen

Selbst eine frisch gegossene Erde trocknet an heißen Tagen aus. Balkonkästen mit Wasser-

Mein Tipp

Reste von Kräutertee und Kaffee schütte ich nicht weg, sondern ins Gießwasser. So bekommen die Pflanzen einen kleinen Nährstoffkick. Verwende dieses Gießwasser noch am gleichen Tag.

Gieße ohne Brause direkt in die Erde. Das spart Wasser und beugt Pflanzenkrankheiten vor.

speicher, einem Wollvlies oder einem alten Baumwolltuch im Boden halten eine Reserve vor, aus dem sich bereits eingewurzelte Pflanzen bedienen können. In Kisten kannst du eine Olla unterbringen (siehe S. 13). Der unglasierte Tontopf ist mit Wasser gefüllt und gibt über die Poren Feuchtigkeit ab. Nach dem gleichen Prinzip funktionieren auch Tonkegel, die per Schlauch oder Flasche für Nachschub sorgen. Im Sommer unbedingt empfehlenswert, vor dem Frost müssen sie jedoch entfernt werden.

Checkliste: Clever gießen

- o große Kübel und Kisten statt kleiner Töpfe
- o Wasserspeicher, Wollvlies oder Baumwolltuch verwenden
- o Gebraucht- und Regenwasser sammeln
- o möglichst morgens gießen
- o Fingerprobe machen
- o direkt in die Erde gießen
- o langsam, durchdringend wässern
- o Gießhilfen wie Ollas und Tonkegel nutzen
- o Erde regelmäßig lockern oder mulchen

Bodenschutz

Im Garten heißt es: „Einmal Hacken spart dreimal Gießen." Das lässt sich auch auf den Balkon übertragen. Eine Hacke brauchst du dafür nicht unbedingt. Auch mit einer Kuchengabel lässt sich die Erdkrume vorsichtig lockern und nebenbei unerwünschtes Beikraut entfernen. Ausnahme: Flachwurzler wie Johannisbeeren. Sie kannst du dafür prima ab Mai mulchen, indem du die Erde mit Vlies aus Bio-Faser, zerkleinerten, gesunden Pflanzenresten, Laub, Stroh oder ungewaschener Schafwolle bedeckst – alle anderen Pflanzen natürlich auch. Die Mulchschicht sollte etwa 3 cm dick sein, mit einem Gießrand rund um die Pflanzen. Vor dem Mulchen die Erde lockern und gut gießen.

Do!

Mische der Erde für kalkliebende Kräuter wie Borretsch, Petersilie, Rosmarin, Salbei und Thymian fein gemörserte Eierschalen bei, wenn das Gießwasser nicht genug Kalk enthält. Auch eine Abdeckung aus Muschelschalen ist hübsch und nützlich zugleich.

Düngen

Damit Pflanzen grünen, blühen und reichlich Früchte tragen, brauchen sie Nährstoffe – besonders Stickstoff (N), Phosphor (P) und Kalium (K) sind für den Aufbau der Zellen und für viele Stoffwechselprozesse wichtig. Diese chemischen Elemente sind Teil der normalen biologischen Kreisläufe und deshalb ausreichend in organischem oder biologischem Dünger vorhanden, der pflanzlichen oder tierischen Ursprungs ist.
Wie viele Nährstoffe eine Pflanze benötigt, kannst du in den Porträts nachlesen. Je nach Bedarf gibt es Stark-, Mittel- und Schwachzehrer. Schwach- und Mittelzehrer kommen grundsätzlich gut mit dem zurecht, was frische Pflanzenerde ihnen bietet. Starkzehrern kannst du beim Einpflanzen zusätzlich eine Handvoll organischen Langzeitdünger mit in die Erde geben.

Wenig und nach Bedarf

Bekommen die Pflanzen zu wenig Nährstoffe, zeigen sie es an – zum Beispiel, wenn sich die Blätter gelbgrün verfärben. Mit Wurmkompost und Bio-Flüssigdünger kannst du ihnen nun schnell helfen. Dünge aber immer nur in Maßen bzw. nach den Empfehlungen der Hersteller. Zu viel Dünger kann schaden. Entweder stellen die Pflanzen das Wachstum komplett ein oder sie bilden weiche Triebe, die sie für Frost oder saugende Insekten wie Blattläuse anfällig machen. Mitte/Ende August wird daher meist zum letzten Mal gedüngt.
Einige Gemüse lagern das Zuviel an Nährstoffen auch ein – als Nitrat. Und das kann für uns wiederum zum Problem werden. Welche Kulturen als risikobehaftet gelten, steht in den Porträts.

Kaufen und selber machen

Organische Langzeitdünger aus Schafwolle und Klee gibt es im Handel, ebenso Flüssigdünger aus Zuckerrübenmelasse und Brennesseln. Spezieller Dünger für bestimmte Gemüse oder Kräuter ist normalerweise nicht notwendig. Ausnahme: Blaubeeren, die einen niedrigen pH-Wert brauchen. Kaffeesatz ist ein gutes Hausmittel, aber meist allein nicht ausreichend.
Dünger kannst du aber auch selber machen. In einem luftdichten Bokashi-Eimer werden Küchenabfälle mithilfe von effektiven Mikroorganismen fermentiert, ähnlich wie Sauerkraut. In einem Wurmkomposter zersetzen Mikroorganismen und Kompostwürmer das organische Material. Mit den festen Bestandteilen lässt sich gebrauchte Erde auffrischen, die Flüssigkeiten kannst du mit Wasser verdünnt als Sofortdünger geben.

Mein Tipp

**Brennnesselsud:
1 kg kleingeschnittene Brennesseln mit 10 Liter Wasser in einem Plastikeimer übergießen. Zwei bis drei Wochen lang vergären lassen, bis das Gemisch nicht mehr schäumt. Gegen den Jauchegeruch hilft Gesteinsmehl. Abseihen und mit Wasser verdünnen: Zum Düngen im Verhältnis 1:10, zum Spritzen gegen Blattläuse und Spinnmilben im Verhältnis 1:20 mischen.**

Ungebetene Gäste: Krankheiten und Schädlinge

Eine schöne Pflückbar zieht viele Gäste an – doch nicht alle sind gleichermaßen willkommen. Pflanzenschutzmittel einzusetzen, ist dennoch nicht ratsam. Schließlich wollen ja auch wir bedenkenlos genießen!

Blattläuse 1

Sie lieben weiches Pflanzengewebe, das sie leicht durchstechen können. Gerade im Frühling und im Frühsommer sitzen die winzigen grünen, schwarzen oder roten Tierchen unter Blättern, in Blattachsen, Knospen und Blüten und saugen Pflanzensaft, bis das Grün sich krümmt und mit einem klebrigen, schimmernden Film überzogen ist. Und nicht nur eine, sondern Dutzende binnen kurzer Zeit. Daher: Augen auf, absammeln und zerdrücken oder auf der Blattunterseite Brennnesselsud spritzen (siehe S. 22). Noch besser: Pflanzen stärken (siehe S. 26) und natürliche Gegenspieler wie Florfliegenlarven, Marienkäfer und Ohrenkneifer fördern.

Mehltau 2

Ein Befall mit Mehltau tritt meist im Sommer auf („Schönwetterpilz") und es gibt hier zwei Gruppen: Echter Mehltau überzieht Blattoberseiten, Stängel und Früchte mit einem abwischbaren weißen Belag. Falscher Mehltau befällt die Blattunterseiten und lässt sich nicht abwischen. In beiden Fällen heißt das für die befallenen Pflanzenteile: Ab in die Restmülltonne! Zur Vorbeugung Schachtelhalmbrühe spritzen (siehe S. 26).

Grauschimmel 3

Ein samtiger, grün-grauer Belag auf Blättern, Trieben und Früchten kann ein Anzeichen für ihn sein. Eng gesetztes Blattgemüse ist insbesondere in der zweiten Jahreshälfte anfällig. Da der Pilz sich bei feuchter, stehender Luft rasant ausbreitet, ist schnelles Handeln angesagt: Entferne alle befallenen Pflanzenteile und entsorge sie über den Restmüll.

Trauermücken 4

Die winzigen schwarzen Mücken sind lästig. Für die Pflanzen jedoch sind die Larven das Problem. Sie wachsen in feuchter Erde auf, futtern alles, was pflanzlich ist, und machen auch vor Wurzeln nicht halt. Was helfen kann: Erde mit Sand abdecken; austauschen und bei 120 °C im Backofen etwa 45 Min. lang sterilisieren; oder Nematoden einsetzen (im Handel erhältlich). Erwachsene Mücken lassen sich drinnen mit Gelbtafeln abfangen.

Vögel

... lieben frische Aussaaten und junges Grün. Schütze deine jungen Pflanzen mit einem Vlies oder baue eine Vogelscheuche. Achte bei Netzen auf die Maschenbreite, damit sich die Tiere nicht verfangen.

1

2

3

4

Grundrezept für pflanzliche Stärkungsmittel

Das brauchst du:

100 g frischer oder 20 g getrockneter Schachtelhalm

Scharfes Messer oder Schere

1 Liter Regenwasser oder abgestandenes Leitungswasser

Baumwolltuch oder feines Sieb

Sprühflasche

6 **Außerdem:** Kunststoff-Eimer, Wasser zum Verdünnen, Handschuhe

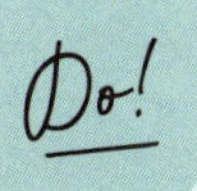

Stress macht Pflanzen anfällig. Mit dem richtigen Standort, einer optimalen Versorgung mit Wasser und Nährstoffen sowie Stärkungsmitteln hilfst du ihnen, gesund zu bleiben.

So wird's gemacht:

Schritt 1: Frische Triebe in 5 bis 10 cm lange Stücke schneiden und in den Eimer füllen.
Schritt 2: Pflanzenteile mit kaltem Wasser aufgießen. 24 Stunden im Schatten abgedeckt stehen lassen. Ab und zu umrühren.
Schritt 3: Den Sud ½ Stunde auf dem Herd köcheln, damit sich die Inhaltsstoffe besser lösen. Abkühlen lassen und über das Tuch oder Sieb abgießen, bis sich keine festen Bestandteile mehr darin befinden, die die Düse der Sprühflasche verstopfen könnten. Mit den festen Bestandteilen mulchen.
Schritt 4: 100 ml Brühe mit 1 Liter Wasser verdünnen (1 : 10). Zur Vorbeugung und Stärkung alle 1 bis 2 Wochen auf die Blätter sprühen – am besten bei bedecktem Himmel an einem windstillen Vormittag. Bei akutem Befall mehrmals pro Woche anwenden. Zum Schutz Handschuhe tragen. Der hohe Gehalt an Kieselsäure in dem Schachtelhalm-Auszug macht die Pflanzen widerstandsfähiger gegen Blattläuse, Mehltau, Spinnmilben (Gurke), Rost, Schorf und Monilia (Obst) sowie Kraut- und Braunfäule (Tomate).

Pflückbar im Frühling

Frisch und aromatisch

Die Pflückbar ist eröffnet

Die Vögel zwitschern, die Frühlingsboten blühen: Spätestens im März kribbelt es wieder im grünen Daumen. Genau die richtige Zeit, um deine Pflückbar zu eröffnen!

Wünsche und Pläne

Sicherlich hast du schon Pflanzenkataloge gewälzt und eifrig Check- und Wunschlisten erstellt. Aber weißt du auch, ob alles machbar ist? Zeichne auf einem Blatt Papier möglichst maßstabsgetreu ein, wo welche Pflanze am besten hinpasst (siehe S. 8). Vergiss deine Sitzecke nicht! Das ist nicht leicht – vor allem das Weglassen. Auch ich habe immer mehr Ideen als ich umsetzen kann. Den Rest hebe ich mir für die nächste Saison auf.

Mein Tipp

Die Keimprobe zeigt, ob altes Saatgut noch gut ist: Zehn Samenkörner auf Küchenpapier aussäen und feucht halten. Geht nach der angegebenen Keimdauer mehr als die Hälfte auf, kannst du das Saatgut verwenden.

Erste Aussaaten – draußen

Milde Märztage sind grundsätzlich eine gute Zeit für erste Aussaaten auf dem Balkon. Bei einem Kälteeinbruch ist es jedoch ratsam, sie mit einem leichten Wollvlies oder einer Haube zu schützen. Durchsichtige Abdeckungen haben einen Treibhauseffekt, sodass Kräuter und Gemüse schneller wachsen und dir eine frühe Ernte bescheren. Lüfte regelmäßig, damit sich Feuchtigkeit und Wärme nicht im Inneren stauen.

... und drinnen

Abgesehen von Frühstartern wie Paprika und Andenbeere, beginnt im März auch drinnen die Vorkultur. Ja, ich weiß: Die sozialen Netzwerke sind um diese Zeit oft schon geflutet von Mini-Tomate & Co. Doch eine frühe Aussaat kann auch schiefgehen, wenn die Bedingungen nicht optimal sind. Gesunde, kompakte und abgehärtete Pflanzen holen schnell auf (siehe S. 16 ff), schwächelnde bleiben eher Sorgenkinder.

Zweiter Frühling

Du hast schon Pflanzen auf dem Balkon? Mach sie für die Saison fit, indem du sie mit Kompost und Langzeitdünger versorgst. Wachsen Wurzeln aus dem Topf, ist es Zeit für ein größeres Gefäß. Mehrjährige Kräuter kannst du auch teilen, das verjüngt sie. Mit dem restlichen Frühjahrsputz solltest du dir möglichst lange Zeit lassen – ruhig bis weit in den April. So können Insekten ihr Winterquartier verlassen und Samen aufgehen, die sich selbst eingesät haben – wenn sie das denn dürfen/sollen.

Das ist jetzt zu tun: März bis Ende Mai

Aussäen/Pflanzen	**Direkt:** · Asia-Salate, Basilikum, Borretsch, Gartenkresse, Hirschhornwegerich, Kapuzinerkresse, Karotte, Kerbel, Kornblume, Minze, Parakresse, Petersilie, Pflücksalate, Pimpinelle, Radieschen, Rauke, Ringelblume, Sauerampfer, Schnittlauch, Speise-Chrysantheme, Spinat, Zuckererbse · Obstbäume und -sträucher **Vorziehen:** · Andenbeere, Gurke, Mexikanische Minigurke, Paprika, Tomate, Zucchini
Arbeiten	· Balkonbeete planen · Saatgut und Pflanzen besorgen · Aussaaten und Jungpflanzen vor Frost und Vögeln schützen · gießen · jäten · pikieren und vereinzeln · Blattlauskontrolle · mehrjährige Pflanzen düngen · alte Erde aufbereiten · Stauden teilen und umtopfen · Mediterrane Kräuter sowie Obstgehölze zurückschneiden · Balkonmöbel fit machen · Frühlingssonne genießen
Pflücken	· Asia-Salate, Borretsch, Feldsalat, Gartenkresse, Kerbel, Petersilie, Pflücksalate, Pimpinelle, Radieschen, Rauke, Sauerampfer, Schnittlauch, Spinat, Winterpostelein, Zuckererbse

Fit in den Frühling

Die Frühlingssonne motiviert – nicht nur uns, sondern auch die Vegetation. Diese Mischkultur beschert dir schnell die ersten Ernten. Ein perfekter Start in die Saison!

Gut geschützt

Spinat, Erbsen und Radieschen gedeihen ab März problemlos in einer Kiste oder einem Balkonhochbeet (40 x 60 cm), das geschützt und möglichst sonnig steht. Sobald sich der winterliche Dauerfrost verabschiedet hat, kommen die Samen direkt in die Erde. Grundsätzlich machen kühlere Temperaturen Erbsen, Spinat und Radieschen in diesem Stadium nichts aus; maximal gehen sie etwas langsamer auf. Sollte es danach aber wieder eisig kalt werden, ist es ratsam, die Sämlinge mit einem Vlies oder einem Frühbeetaufsatz zu schützen.

Von Zuckererbsen kannst du schon im Frühling junge Triebe ernten. Die Schoten reifen erst im Frühsommer.

Optimal aufgeteilt

Das Beet teile ich in drei Zonen auf, die sich an der Sonneneinstrahlung orientieren. Der sonnigste Platz ist für den Spinat reserviert, damit er möglichst wenig Nitrat einlagert. Die Zuckererbsen bekommen am wenigsten Licht. Die Reihen liegen jeweils 10 bis 15 cm auseinander. Zum Rand hin sollten jeweils 5 cm Platz bleiben.

Dicht gesät

Innerhalb der Reihe säe ich recht eng: Die Zuckererbsen wachsen im Abstand von 3 bis 5 cm, davor die Radieschen mit einer Lücke von jeweils 1 bis 2 cm. Der Spinat wird im Abstand von 5 cm ausgesät. Die dichte Aussaat ist möglich, weil Zuckererbse und Spinat als Baby Leaf geerntet werden. Die Radieschen dünne ich nach und nach aus. Willst du das Gemüse auswachsen lassen, kannst du den Abstand gleich bei der Aussaat entsprechend vergrößern oder eben nur die vielversprechendsten Pflänzchen stehen lassen.

Radieschen sind komplett essbar – von der Knolle bis zum Laub.

Säe Möhren mit Radieschen aus. Die rasch wachsenden Radieschen machen Platz für die Möhren, die im Frühsommer geerntet werden. Pflücksalat und Dill sind in dieser Kiste die ideale Nachkultur. Setze sie als Jungpflanzen in die Lücken.

Frühlingsfit

Kiste:
60 x 40 cm

hintere Reihe:
15 x Erbsen

mittlere Reihe:
25 x Radieschen

vordere Reihe:
10 x Spinat

Abstand:
zum Rand etwa 5 cm; zwischen den Reihen jeweils 10 bis 15 cm

Eine Salatbar für die ganze Saison

Dieser Balkonkasten hat das ganze Jahr hindurch Saison: Im Frühling und Herbst liefert er knackige Salate, im Sommer Zutaten für leckere Kräuterbutter.

Pflanzen statt säen

Pflücksalat, Schnittlauch und Rauke kannst du ab März direkt aussäen. Viel einfacher ist es aber, den Balkonkasten (80 cm) im April mit vorgezogenen Jungpflanzen zu bestücken. Der Schnittlauch trennt die unterschiedlichen Salate und wird etwa mittig platziert. Die Pflücksalate kannst du im Abstand von 5 bis 10 cm pflanzen. Leicht versetzt haben sie etwas mehr Platz in der Reihe. Die Rauke wird im Laufe des Jahres recht ausladend und kommt daher im Abstand von 10 cm in die Erde.

Auf dem Balkon pflücken, waschen, anrichten und dann in der Frühlingssonne genießen: Frischeren Salat gibt es nicht.

Auf der Sonnenseite

Als Standort ist ein windgeschützter Platz am Balkongeländer mit möglichst viel Sonne ideal – auch im Hinblick darauf, dass Rucola bei wenig Licht Nitrat einlagert. Der Rauke gebührt daher die Sonnenseite in diesem Kasten. Den Schnittlauch wiederum platziere ich mit Blick auf die Nachkultur mittig: So können die Möhren später von der Mischkultur mit dem Lauchgewächs profitieren.

Und so geht's weiter

Pflücksalate und Rucola werden zum Frühsommer in Blüte gehen und können dann ersetzt werden. Als Nachkultur eignen sich Kapuzinerkresse und Möhren. Säe die Möhren versetzt in Reihen aus, optional mit Radieschen als Markierung. Die Kapuzinerkresse als Jungpflanze setzen, maximal zwei Exemplare. Ab September können wieder Salate in den Balkonkasten einziehen.

Ein Balkonkasten ist zu wenig? Die Salatbar kannst du auch in einer Kiste oder einem Balkonhochbeet einrichten.

Do!

Lust auf Gurke? Die Blätter von Borretsch schmecken ähnlich und werden schon im Frühling geerntet. Auch Dill passt gut in diesen Kasten, wenn du noch mehr Abwechslung möchtest. Eine Pflanze ersetzt jeweils eine Wilde Rauke oder einen Salat.

Salatbar

Balkonkasten:
80 cm

links:
5 x Pflücksalat

mittig:
1 x Schnittlauch

rechts:
2 x Wilde Rauke
oder 6 x Rucola

Abstand:
zum Rand etwa
5 cm

Pflücksalate

Lactuca sativa var. *crispa*

Pflücksalate dürfen in keiner Pflückbar fehlen – allein schon wegen des Namens. Wobei: Pflücksalat an sich gibt es gar nicht. Es ist eine Sammelbezeichnung für Salate, deren Blätter keinen geschlossenen Kopf bilden und sich somit leicht einzeln pflücken lassen. Gern taucht in diesem Zusammenhang auch der Begriff „Schnittsalat“ auf. Der Unterschied: Der Salat wird jung komplett abgeschnitten.

So oder so ist diese Form des Salatanbaus sehr praktisch auf dem Balkon: Sie spart Platz, sodass wir enger säen können. Und wir können früher und länger von einer Pflanze ernten – wenn auch die Ernte an sich dann kleiner ausfällt. Eine Auswahl an Sorten findest du auf der folgenden Doppelseite.

Aussaat und Pflanzung In milden Regionen kannst du Salat von März bis Mitte September direkt in Balkonkasten, Kübel und Kiste aussäen – etwa 0,5 cm tief und im Abstand von 3 cm. In sehr kalten Nächten mit einem Vlies oder einer Haube abdecken. Alternative: Ab Februar drinnen vorziehen und die Jungpflanzen nach draußen setzen. Das spart Zeit und du kannst früher ernten. Auf jeden Fall brauchen die Samen einen Kältereiz, damit sie zuverlässig innerhalb von 14 Tagen aufgehen. Heißt: Die Aussaaten die ersten zwölf Stunden eher kühl (10 °C) stellen.
Mit den vorgezogenen Jungpflanzen kannst du bis Oktober prima die Lücken in deiner Pflückbar füllen. Sie werden etwa 1 cm höher gesetzt, damit der Blattansatz im Inneren nicht von Erde bedeckt wird. Abstand: 5 bis 10 cm. Die Blätter wirken anfangs oft etwas schlapp, aber das legt sich nach ein paar Tagen. Zu tief gesetzter Salat hingegen wächst nur schlecht an.

Mischkultur Salat lässt sich prima mit anderen Kräutern, Gemüsen und sogar Obst kombinieren – nicht nur in der Schüssel, sondern auch

in der Erde. Nur Petersilie ist als Nachbar neben dem Salat nicht zu empfehlen.

Pflege Pflücksalat ist ein pflegeleichter Geselle. Aber er wurzelt nicht tief – und das kann ihn in manchen Monaten ganz schön stressen. Denn Salat mag es gern hell, aber nicht heiß und trocken. Dann wächst die Pflanze nämlich rasant in die Höhe und bildet Blüten. Die Blätter bleiben klein und werden hart und bitter. Je nach Lage und Jahreszeit musst du ihn also nahezu täglich gießen. Achte darauf, dass das Wasser dabei nicht Erde in das Innere spült. Auch Mulchen ist nicht verkehrt. Auf das Düngen verzichte hingegen besser. Weiche Blätter locken Blattläuse an und speichern bei zu wenig Sonnenlicht Nitrat. Stehen die Korbblütler zu dicht und können nicht abtrocknen, sind sie anfällig für Pilzkrankheiten wie Mehltau. Leichten Frost vertragen sie am geschützten Standort in der Regel ohne Probleme.

Ernte Die ersten Salatblätter kannst du oft nach vier Wochen pflücken, wenn sie etwa 10 cm lang sind. Breche immer nur die äußeren Blätter ab und lass die kleinen Blätter im Inneren stehen. So wächst der Salat nach und du kannst mehrfach ernten. Pflücke ihn nach Frost nur an sonnigen Tagen, wenn die Blätter wieder komplett aufgetaut sind.

Checkliste

- O frische Aussaaten 12 Stunden kühl stellen (10 °C)
- O Jungpflanzen höher in die Erde setzen
- O keine pralle Mittagssonne
- O gleichmäßig feucht halten
- O mulchen oder Erde vorsichtig lockern
- O die äußeren Blätter pflücken
- O im Winter nur aufgetaut ernten

Salate für deine Pflückbar

Die Auswahl an Pflücksalaten ist groß, der Platz auf dem Balkon leider begrenzt. Daher stelle ich dir hier ein paar Sorten vor. Grundsätzlich eignet sich jeder Blattsalat (*Lactuca sativa* var. *crispa*), der keinen Kopf ausbildet.

Eichblattsalat 

Mit dem Eichblattsalat 'Red Salad Bowl' habe ich meine Leidenschaft für Pflücksalat entdeckt. Zugegeben: Verliebt habe ich mich in die Optik. Die knackigen, leicht gekrausten Blätter werden im Gegensatz zum grünen 'Salad Bowl' zum Rand hin rot-braun. Der leicht nussige Geschmack der samtweichen Blätter hat mich dann überzeugt. Optisch ebenfalls sehr ansprechend finde ich die Sorten 'Cerbiatta', 'Radichetta' und 'Till' mit ihren grünen, spitz zulaufenden Blättern.

'Lollo Rosso', 'Lollo Bionda' 

Der Name deutet es an: Die Lollos kommen aus Italien; sie haben mit ihren stark gekrausten, nussig schmeckenden Blättern auch hierzulande die Salatbars erobert. Für viele sind sie die Pflücksalate schlechthin - auch weil sie lange geerntet werden können.

'Amerikanischer Brauner' 

Auch so ein Klassiker, der sich vor allem für die sommerliche Pflückbar eignet. Sein Vorteil: Er schießt nicht so schnell in die Höhe. Die leicht gewellten Blätter sind grün bis rot-braun.

'Kasseler Strünkchen' 

Bei diesem Romana-Salat (*Lactuca sativa* var. *longifolia*) macht es nichts aus, wenn er in die Höhe schießt: Die grünen Blätter bleiben genießbar und lassen sich sogar noch einfacher von unten nach oben abpflücken. Den Strunk kannst du danach wie Spargel als Gemüse garen. In Nordhessen kennt man die rar gewordene Delikatesse unter anderem als Schlupperkohl.

⟶ Welcher Pflücksalat ist dein Favorit? Teile ihn mit uns auf Instagram unter #meinepflückbar.

Mein Tipp

Du kannst dich nicht entscheiden? Es gibt auch fertige Mischungen mit unterschiedlichen Pflücksalaten zu kaufen. Auf einem Saatband haben die Pflanzen gleich den richtigen Abstand zueinander.

1

2

3

4

Radieschen

Raphanus sativus var. *sativus*

Radieschen gehören zu den beliebtesten Balkongemüse-Arten – und das zurecht! Der Gartenrettich im Mini-Format wächst schnell und kann nach wenigen Wochen geerntet werden. Was viele nicht wissen: Nicht nur die Knolle, sondern auch Sämling, Blätter, Blüten und die jungen Samenschoten sind essbar. Und: Bei Radieschen gibt es eine bunte Vielfalt. Neben den bekannten roten Sorten bringen weiße, gelbe und violette Knollen Abwechslung in deine Pflückbar. Längliche, walzenförmige Varianten können im Kasten auch dichter nebeneinander stehen.

Aussaat Von März bis Ende Oktober in ein Gefäß deiner Wahl einsäen – direkt und 1 cm tief. Abstand: 2 cm. Die Samen keimen meist binnen einer Woche.

Mein Tipp

Scharfer Brotaufstrich: Radieschen samt Grün klein schneiden, mit Hüttenkäse und etwas Olivenöl vermengen. Mit Zitronensaft und Pfeffer abschmecken. Lecker!

Stehen die Pflanzen zu dicht, einfach einige herausziehen, so gibt es immer was zu naschen.

Mischkultur Mit Blick auf ihre Mitbewohner sind Radieschen recht unkompliziert. Du kannst sie mit Erbse, Erdbeere, Gartenkresse, Kapuzinerkresse, Möhre, Paprika, Pflücksalat, Schnittlauch, Spinat, Tomate und Zuckererbse kombinieren. Als weniger empfehlenswert gelten Asia-Salate, Gurke, Rauke und Zucchini. Säe davor oder danach möglichst keine Kreuzblütler, da Radieschen ebenfalls zu dieser Familie gehören.

Pflege Radieschen mögen es sonnig, aber keine Extreme. Bei Hitze, Trockenheit oder Nässe bilden sie keine oder holzige Knollen aus und gehen schnell in Blüte. Daher: gleichmäßig feucht halten, in regenreichen Jahreszeiten überdacht anbauen, in eiskalten Nächten abdecken. Die Erde regelmäßig etwas lockern und möglichst nicht düngen, da dies Blattläuse anlockt und Radieschen Nitrat speichern können.

Ernte Die Radieschenknolle kannst du nach vier bis sechs Wochen am Blattansatz vorsichtig aus der Erde ziehen. Auch zarte Blätter, Blüten und junge Samenschoten sind lecker. Ab Spätherbst an sonnigen Tagen ernten. Gleich verzehren oder nur die Knolle (ohne Laub und Wurzel) im Kühlschrank lagern. Das Grün kann auch zu Pesto verarbeitet werden (siehe S. 50).

'Sora': Eine prima Sorte für alle, die ihre Radieschen klassisch rund und rot mögen.

'Eiszapfen': Die alte Sorte sieht mit ihrer langen weißen Knolle aus wie ein Mini-Rettich.

'French Breakfast 2': Das halblange Radieschen mit der weißen Spitze ist meine Lieblingssorte.

Rucola/Rauke

Eruca sativa

Die Rauke ist ein unkompliziertes Gewächs, das so richtig Pfeffer in deine Pflückbar bringt. Wie scharf es wird, hängt zunächst von der Pflanzenwahl ab: Die Salatrauke oder Rucola (*Eruca sativa*) ist im Geschmack milder als die Wilde Rauke (*Eruca vesicaria*). Wenn du es schärfer magst, kannst du Wasabi-Rauke anbauen. Die Erdnuss-Rucola verspricht ein mildes, nussiges Aroma.

Im Anbau sind sich die Kreuzblütler mit den mehr oder weniger gezähnten Blättern recht ähnlich. Wichtig ist gerade in der zweiten Jahreshälfte ein möglichst sonniger Standort, da Rauke viel Nitrat einlagern kann. Mein persönlicher Favorit ist die Wilde Rauke: Sie wächst zwar langsamer, ist aber mehrjährig. Ein Hingucker ist die Sorte 'Dragon's Tongue' mit rot-violetten Blattadern.

Aussaat und Pflanzung Die Rauke kannst du von März bis September in jede Art von Gefäß aussäen; den schnell wachsenden Rucola sogar noch bis Oktober. Wenn du früh ernten willst, ziehe die Wilde Rauke ab Februar vor und pflanze sie im Abstand von 10 bis 15 cm. Die Samen kommen etwa 0,5 bis 1 cm tief in die Erde. Säe im Abstand von 2 cm und dünne aus: Die Sämlinge kannst du in andere Gefäße setzen oder gleich essen. Mein Tipp: Säe Rucola mehrfach im Abstand von vier Wochen aus, um länger ernten zu können. Die Samen gehen in der Regel innerhalb von zwei Wochen auf.

Mischkultur Als gute Nachbarn gelten Erdbeere, Salat und Zuckerschote. Nicht so passend sind andere Kreuzblütengewächse wie Radieschen – auch für die Kultur danach.

Pflege Je sonniger und trockener Rauke steht, desto härter und schärfer werden die Blätter. Gieße daher regelmäßig und lockere die Erde, das hält auch Erdflöhe fern. Düngen musst du hingegen nicht. Zu viele Nährstoffe machen die Blätter weich und anfällig für Blattläuse. Außerdem lagert die Pflanze Nitrat ein. Im Sommer können Raupen die Pflanzen binnen kurzer Zeit kahl fressen, wenn du sie nicht rechtzeitig absammelst. Milde Winter übersteht die Wilde Rauke problemlos. Rucola hingegen braucht mehr Schutz (siehe S. 118).

Ernte Etwa vier bis sechs Wochen nach der Aussaat kannst du die Rauke ernten. Pflücke oder schneide sie, wenn die Blätter etwa 10 cm lang sind. Lass sie nicht zu lang werden: Große Blätter werden hart und schmecken nicht mehr so gut. Die mehrjährige Rauke wächst kontinuierlich nach, wenn du sie nicht komplett aberntest. Verzehre die Blätter zeitnah, da sie schnell welken. Große Mengen kannst du zu Pesto verarbeiten (siehe S. 50). Auch die Blüten und jungen Samen von Rucola gelten als essbar.

Mein Tipp

Die cremefarbenen Rucola- und gelben Raukeblüten zeigen sich ab dem Frühsommer. Ihr Nektar ist eine willkommene Futterquelle für Insekten.

Spinat

Spinacia oleracea

Du magst keinen Spinat? Gib ihm in deiner Pflückbar trotzdem eine Chance. Das Aroma von frischem Spinat schlägt die Tiefkühl-Variante um Längen. Und junge Blätter kannst du ganz einfach in den Salat oder grünen Smoothie schmuggeln.
Den besten Spinat erntest du im Frühjahr und im Herbst. Im Sommer geht er schnell in Blüte.

Die meisten Sorten kannst du in beiden Jahreszeiten anbauen. 'Matador' gehört zu den ovalblättrigen Klassikern; 'Thorin' gilt als verbesserte Variante. Als besonders aromatisch gelten die pfeilförmigen Blätter von 'Winterriesen' oder 'Verdil'. Die Sorte 'Butterfly' zeichnet sich durch schnellen Wuchs und ihre Resistenz gegenüber Mehltau aus. Du bist eher spät dran mit der Aussaat im Frühjahr? 'Gammason' kannst du sogar noch Anfang Mai säen.

Aussaat und Pflanzung Spinat gehört zu den ersten Gemüsen, die du auf einem geschützten Balkon direkt in Kisten, Kübel und Blumenkästen aussäen kannst – je nach Region und Sorte von Februar bis April und von August bis Oktober. Alternativ kannst du ihn in dieser Zeit auch vorziehen. Säe die Samen etwa 2 bis 3 cm tief aus. Willst du nur junges Grün ernten, genügt ein Abstand von 3 cm. Spinat keimt in der Regel innerhalb von 14 Tagen. Für ausgewachsene Rosetten nach und nach auf 10 cm Abstand ausdünnen. In eiskalten Nächten mit Vlies schützen.

Mischkultur Für die Mischkultur eignen sich Asia-Salate, Erdbeere, Karotte, Radieschen, Salat, Tomate und Zuckererbse. Auch zu Beerenobst soll Spinat gut passen. Rauke ist als Partner weniger geeignet.

Pflege Gib Spinat gerade in den sonnenarmen Monaten einen möglichst hellen Platz: In nährstoffreicher Erde kann er Nitrat speichern, wenn er nicht genügend Licht bekommt. Zusätzlich gedüngt werden muss der Mittelzehrer in der Regel nicht, selbst wenn du ihn im Herbst in gebrauchter Erde wachsen lässt. Wichtiger ist es vielmehr, regelmäßig zu gießen – so bleiben die dunkelgrünen Blätter schön zart. Bei Hitze und Trockenheit geht die Pflanze in Blüte und ist nicht mehr genießbar. Achte auf Blattläuse, hungrige Vögel und Falschen Mehltau. Letzterer entwickelt sich, wenn die Pflanzen zu eng stehen und die Blätter nach dem Gießen oder einem Regenguss nicht schnell abtrocknen können.

Ernte Jungen Spinat kannst du vier bis sechs Wochen nach der Aussaat als Baby Leaf ernten. Schneide die Blätter an sonnigen Tagen, dann enthalten sie erfahrungsgemäß weniger Nitrat. Erntest du nur die äußeren Blätter, treibt die Pflanze aus der Blattrosette nach und du kannst mehrmals ernten.

Mein Tipp

Du willst auch im Sommer Spinat ernten? Garten-Melde (*Atriplex hortensis*) und Neuseeländer Spinat (*Tetragonia tetragonioides*) liefern spinatähnliches Grün, sind aber nicht frosthart. Die alte Gemüsesorte Guter Heinrich (*Chenopodium bonus-henricus*) ist mehrjährig.

Frühlingsfrischer Kräutergenuss

Kresse, Sauerampfer, Schnittlauch: Der Frühling beschert uns viele frische Kräuter. Sie sind das aromatisch-gesunde Extra in Salat, Dipp und auf dem Butterbrot.
Neben den klassischen Küchenkräutern macht sich nun oft im Balkonkasten ein Gewächs mit ovalen, spitz zulaufenden Blättchen und weißer sternförmiger Blüte am behaarten Stängel breit: die Vogelmiere. Früher habe ich sie gejätet, heute landet auch sie im Kräuterquark.

Vieles, was in Beeten und Balkonkästen als „Unkraut" wächst, ist essbar. Gundermann, Brennnessel und Giersch, zum Beispiel, aber auch Knoblauchrauke und Löwenzahn. Bärlauch hatte lange Zeit ebenfalls einen schlechten Ruf, inzwischen gilt das Wildkraut mit dem intensiven Knoblauch-Aroma als Delikatesse. Ihn und andere Wildkräuter kannst du in der Natur sammeln oder auf dem Balkon kultivieren. Saatgut und Jungpflanzen gibt es bei spezialisierten Gärtnereien.

Essbare Wildkräuter Sammel-Regeln

- Sei dir absolut sicher, dass eine Pflanze oder Teile davon essbar sind. Bärlauch und andere Wildkräuter haben giftige Doppelgänger.
- Stellen, die mit Abgasen belastet oder stark frequentiert sind, wie z. B. Straßenränder, Bahngleise oder Parkanlagen, sind für das Sammeln von essbaren Pflanzen überhaupt nicht geeignet. Besser sind etwas abgelegene Waldränder, Wiesen oder Flussauen (Naturschutzgebiete sind natürlich tabu).
- Sammle nur saubere, gesunde Pflanzen – und immer nur so viel, wie du brauchst.

Mein Tipp

Petersilie, Schnittlauch, Kerbel, Pimpinelle, Sauerampfer, Kresse und Borretsch (siehe S. 92) sind Zutaten für die Frankfurter Grüne Soße. Fein geschnitten mit Joghurt, Schmand und hart gekochten, gehackten Eiern vermengen und zu Pellkartoffeln servieren – köstlich!

Petersilie

Petroselinum crispum

Petersilie gibt es krausblättrig wie 'Mooskrause' und 'Grüne Perle' oder glattblättrig wie 'Einfache Schnitt 3' und 'Amsterdamse Snij/Felicia'.

Aussaat und Pflanzung Von März bis September großzügig 1 bis 2 cm tief säen, da nicht jeder der Samen keimt. Keimdauer: bis zu vier Wochen. Unbedingt feucht halten. Mein Tipp: Ab Januar vorziehen und von April bis September im Abstand von etwa 10 cm pflanzen.

Pflege Petersilie mag frische, gleichmäßig feuchte Erde und einen sonnigen, luftigen Standort. Mulchen hilft, leicht düngen nur bei Bedarf - auch wegen der Blattläuse. Ab Spätherbst geschützt stellen oder drinnen kultivieren. Mit Falschem Mehltau und der Blattfleckenkrankheit befallene Blätter entfernen.

Ernte Mitsamt dem Stängel zwölf Wochen nach der Aussaat, wenn die Pflanze etwa 10 cm hoch ist. Innere Blätter stehen lassen. Im zweiten Jahr nur bis zur Blütenbildung im Mai ernten. Große Mengen einfrieren.

Schnittlauch

Allium schoenoprasum

Lauchgewächs mit unterschiedlich dicken Röhrenblättern: Fein wie 'Twiggy' und 'Fine Leaf', mittel wie 'Schmitt' und groß wie 'Gonzales'.

Aussaat und Pflanzung Von März bis August direkt säen oder ab Februar vorziehen und von April bis Juli pflanzen. 2 bis 2,5 cm tief in die Erde und gut feucht halten. Keimdauer: etwa drei Wochen.

Pflege Schnittlauch mag keine Hitze und Trockenheit, daher immer leicht feucht halten. Im Frühjahr mäßig düngen. Zum Winter hin zieht die Staude ein. Im Frühjahr teilen – oder bereits im Herbst und den Winter über eine Pflanze drinnen kultivieren.

Ernte Blätter ab Mai mit einer Länge von mindestens 10 cm ernten. Essbare Blüten. Große Erntemengen einfrieren.

Garten-Kresse

Lepidium sativum

Unkomplizierter und schnellwüchsiger Kreuzblütler, auch als Lückenfüller geeignet. Die filigran gefiederten Blätter haben ein scharfes Aroma.

Aussaat Kressesamen von März bis Oktober direkt aussäen und nur andrücken. Oft keimen sie schon nach wenigen Tagen. Wenn du nur Keimlinge ernten willst, dicht säen. Sonst etwa 3 cm Abstand einhalten, weil die Pflanze im Gedränge schnell in Blüte geht. Im Winter auf der hellen Fensterbank kultivieren.

Pflege Gut feucht halten, Hitze und Trockenheit mag Kresse nicht. Düngen ist nicht notwendig. Auf Blattläuse und Mehltau achten.

Ernte Als Sämlinge nach wenigen Tagen oder komplette Pflanzen büschelweise nach zwei bis drei Wochen ernten. Zeitnah verzehren.

Echter Garten-Kerbel

Anthriscus cerefolium var. *cerefolium*

Auf den ersten Blick erinnert das heimische Kraut an Petersilie. Die fein gefiederten Blätter des Doldenblütlers duften nach Anis.

Aussaat und Pflanzung Ab Februar vorziehen oder von März bis Juli direkt aussäen. Geschützt ist eine Herbstaussaat möglich. Lichtkeimer: Die Samen nur oberflächlich andrücken. Die Samen keimen binnen 14 Tagen. Pflanzabstand: 10 cm.

Pflege Kerbel mag es kühl und feucht, sonst geht er schnell in Blüte. Gieße ihn regelmäßig und dünge ihn leicht. Blattläuse und Mehltau können Probleme bereiten.

Ernte Blätter samt Stängel nach sechs bis acht Wochen ernten. Auch Blüten gelten als essbar. Große Mengen einfrieren.

Pimpinelle

Sanguisorba minor

Das heimische Wildkraut – auch Kleiner Wiesenknopf genannt – schmeckt fein nach Gurke und gehört zu den Rosengewächsen.

Aussaat, Vorziehen und Pflanzung Von März bis September etwa 1 cm tief direkt aussäen. Alternativ ab Februar vorziehen und ab März pflanzen. Abstand in Kiste oder Balkonkasten: 10 bis 15 cm.

Pflege Pralle Sonne, Hitze und Trockenheit mag die zarte Pimpinelle nicht. Die Blätter haben dann auch kein Aroma. Daher: gut feucht halten, Erde lockern und gelegentlich düngen. Für eine lange Ernte die Blütentriebe ausbrechen. Im Frühjahr mit Kompost versorgen.

Ernte Haupterntezeit ist von Mai bis September. In milden Regionen kannst du die Stängel mit den rundlichen gezackten Blättern das ganze Jahr über pflücken; vorher Gießen verbessert das Aroma.

Sauerampfer

Rumex spec.

Unkompliziertes Knöterichgewächs mit schönen, zitronig-säuerlich schmeckenden Blättern. Meine Favoriten: Blut-Ampfer (*Rumex sanguineus*) und Schild-Sauerampfer (*Rumex scutatus*).

Aussaat und Pflanzung Ab Februar vorziehen oder von März bis September säen. Lichtkeimer: Samen nur oberflächlich andrücken und feucht halten. Keimt binnen 21 Tagen. Bis Mitte September pflanzen – je nach Sorte mindestens 15 cm Abstand.

Pflege Gleichmäßig gießen und mulchen, da er keine Hitze und Trockenheit mag. Bei Bedarf düngen. Auf Blattläuse achten. Für eine lange Ernte Blütentriebe ausbrechen. Zieht zum Winter ein. Im Frühjahr teilen und düngen.

Ernte Äußere Blätter möglichst jung ernten. Enthält Oxalsäure, daher nur in Maßen roh verzehren.

Frisches Pesto

selber machen

Do!

Noch was übrig? Fülle es in ein Schraubglas und bedecke es mit Olivenöl. Im Kühlschrank ist es maximal vier Wochen haltbar. Mit der Zeit können sich Aroma und Farbe verändern.

Das brauchst du:

1

1 bis 2 Handvoll frisches Grün: Asia-Salate, Basilikum, Kapuzinerkresse, Minze, Petersilie, Radieschen-Blätter, Rauke, Rote Bete, Sauerampfer, Salat

2

50 g Kerne: Cashew-, Pinien-, Sonnenblumenkerne

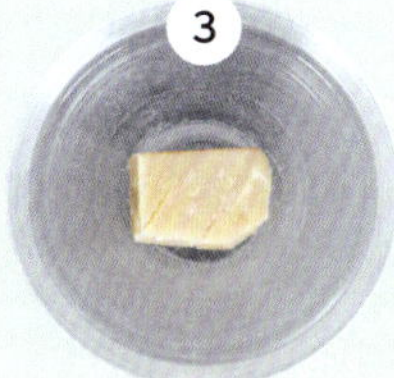

3

50 g Parmesan

4

150 ml Olivenöl

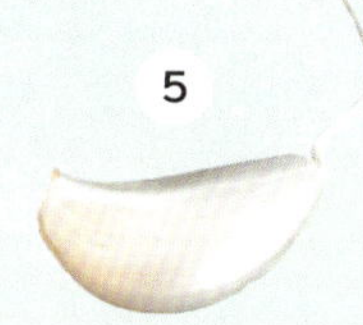

5

Bei Bedarf: 1 kleine Knoblauchzehe, geschält und gehackt

6

Zum Abschmecken: Salz, Pfeffer

So wird's gemacht:

Schritt 1: Das Grün waschen, trocknen und klein rupfen. Du kannst sortenreines Pesto machen oder mehrere Zutaten kombinieren. Lecker schmecken Kombinationen wie Petersilie/Minze und Salat/Sauerampfer.

Schritt 2: Kerne rösten. Auch hier sind Kombinationen möglich: z. B. Sonnenblumenkerne mit Cashew- oder Pinienkernen.

Schritt 3: Kerne bei Bedarf fein hacken und mit etwas Salz, gehacktem Knoblauch im Mörser zerstampfen. Mit etwas Olivenöl zu einer Paste verrühren und das klein gerupfte Grün nach und nach dazugeben.

Schritt 4: Parmesan reiben. Mit Olivenöl sukzessive in den Mörser geben und verrühren, bis das Pesto cremig ist. Abschmecken und sofort servieren.

Pesto für Eilige: Das Grün, Kerne, Knoblauch sowie grob gehackten Parmesan in einer Küchenmaschine oder einem leistungsstarken Standmixer zerkleinern. Olivenöl nach und nach hinzugeben und zu einer cremigen Masse verrühren lassen. Abschmecken.

Tipp: Statt der Kerne kannst du auch Walnüsse und Haselnüsse verwenden. Sie schmecken intensiver, daher brauchst du davon nur etwa die Hälfte.

Sommerernte

Blumig und fruchtig

Voller Genuss

Mein Tipp

Richte eine Wasserstelle für Vögel und Insekten ein. Reinige die Tränke zum Schutz der Tiere vor Krankheiten täglich mit kochendem Wasser. Lass sie auskühlen, bevor du sie erneut füllst.

Sommer, Sonne, Erntezeit: Die langen, warmen Tage bescheren uns eine Fülle an Gaumenfreuden. Obst, Gemüse und Kräuter gibt es nun im Überfluss.

Gießen

Die Pflückbar mit Wasser zu versorgen, gehört zu den wichtigsten Aufgaben im Sommer. An heißen und windigen Tagen trocknet die Erde schnell aus, sodass du unter Umständen sogar zweimal am Tag mit der Gießkanne deine Runde drehen musst. Eine Mulchschicht und Bewässerungshilfen reduzieren den Stress deutlich - sowohl für die Pflanzen als auch für dich (siehe S. 13 und 20). Ein Sonnenschirm oder Sonnensegel bietet Schatten, wenn die Sonne allzu sehr brennt.

Stärken und Düngen

Mit den Erdbeeren beginnt die Obstzeit in der Pflückbar. Denke daran, starkzehrende Sträucher und Bäume regelmäßig zu düngen, damit sie große Früchte bilden können. Auch Tomaten, Gurken und Zucchini brauchen unter Umständen zusätzliche Flüssignahrung, z. B. in Form von Brennnesseljauche. Regelmäßig gesprühte Stärkungsmittel machen sie zudem widerstandsfähig (siehe S. 22).
Die Ernte gehört zu den schönsten Aufgaben in dieser Zeit. Gerade bei den Kräutern lohnt sich ein regelmäßiger Schnitt. Die mediterranen Kräuter hältst du so nicht nur kompakt. Du kannst sie auch haltbar machen und Vorräte anlegen (siehe S. 82). Ernte die Blumen mit essbaren Blüten regelmäßig oder schneide Verblühtes ab, um die erneute Blütenbildung anzuregen.

Vorziehen

An Herbst und Winter zu denken, fällt bei sommerlichen Temperaturen oft nicht leicht. Clevere Balkongärtner:innen sind der Zeit aber immer einen kleinen Schritt voraus, planen und säen noch mal direkt oder in Anzuchtschalen aus. Vorgezogener Hirschhornwegerich, Salate und Ringelblumen beispielsweise schließen schnell Lücken in Balkonkasten und Hochbeet. Und wenn du noch weiter vorausdenken willst: Vermehre Kräuter über Stecklinge und ernte von den ersten reifen Tomaten Saatgut für die kommende Saison (siehe S. 16 ff.).

Wasser für tierische Gäste: Selbst gebaute Tränken helfen Vögeln und Insekten durch heiße Tage.

Das ist jetzt zu tun: Juni bis Ende August

Aussäen/Pflanzen	**Direkt:** · Asia-Salate, Basilikum, Borretsch, Erdbeere, Feldsalat, Gartenkresse, Gurke, Hirschhornwegerich, Kornblume, Möhre, Parakresse, Kapuzinerkresse, Petersilie, Pflücksalate, Radieschen, Rauke, Ringelblume, Schnittlauch, Speise-Chrysantheme, Zucchini, Zuckererbse **Vorziehen:** · Gemüse für Herbst und Winter ab August
Arbeiten	· gießen · jäten, Erde lockern · mulchen · Stärkungsmittel ansetzen und spritzen · Krankheits- und Schädlingskontrolle · Tomaten hochbinden und ausgeizen · Sommerschnitt bei Obst; Triebe kürzen und hochbinden · Stecklinge schneiden · Starkzehrer düngen · Sonnenschutz aufstellen · Kräuter haltbar machen · Verblühtes schneiden · Saatgut ernten · Vogel- und Insektentränke aufstellen · Sommerzeit genießen
Pflücken	· Andenbeere, Aprikose, Asia-Salate, Basilikum, Borretsch, Blaubeere, Brombeere, Erdbeere, essbare Blüten, Feige, Gurke, Himbeere, Hirschhornwegerich, Johannisbeere, Kapuzinerkresse, Karotte, Kirsche, Mexikanische Minigurke, Minze, Paprika, Petersilie, Pflaume, Pflücksalate, Radieschen, Rauke, Sauerampfer, Schnittlauch, Stachelbeere, Tomate, Zucchini, Zuckererbse

Minziger Cocktailkasten

Mit diesen erfrischenden Minzen lassen sich unterschiedliche Getränke (und Desserts) aromatisieren. Die getrockneten Blätter kannst du als Tee aufbrühen.

Klassische Aromen

Für diesen Balkonkasten (80 cm) habe ich klassische Cocktail-Minzen ausgewählt, die gut mit einem halbschattigen bis sonnigen Standort zurechtkommen: Der Name der Mojito-Minze spricht sicherlich für sich. Marokkanische Minze oder Grüne Minze sind milde, nahezu identische Allrounder und werden gern im Longdrink Hugo eingesetzt. Die Ananas-Minze ist mit ihren weiß geränderten Blättern vor allem optisch ein Highlight (Minzen siehe S. 84). Setze die Jungpflanzen so in frische Erde, dass sie alle gleich viel Platz haben. Gepflanzt werden kann ab April.

Erfrischend: Drinks mit Minze und Limette.

Platzanweisung

Alle Minze-Arten haben die Tendenz, sich schnell auszubreiten - sowohl ober- als auch unterirdisch. Ausläufer einfach mit der Gartenschere kappen. Um Verflechtungen in der Erde zu vermeiden, kannst du den Kasten mit einer Wurzelsperre in Segmente unterteilen. So hat jede Minze ihren Platz. Als Abtrennung eignet sich eine Fliese oder eine große Terrakottascherbe. Setze die Wurzelsperre gleich bei der Pflanzung bodentief ein.

Minz-Alternativen

Zu viel Minze? Zwei Pflanzen kannst du durch Zitronenmelisse und Basilikum ersetzen. Eine Wurzelsperre zum Schutz des Basilikums ist unbedingt empfehlenswert. Falls dir der Sinn eher nach süßlich herben Cocktail-Noten steht, bietet sich ein Kasten mit Rosmarin oder Lavendel, Zitronen-Thymian und Eberraute an (siehe S. 86). Das Substrat für dieses sonnenliebende Trio mit Sand oder Ziegelsplit abmagern und eher trocken halten.

Die Mojito-Minze ist auch als Hemingway-Minze bekannt – benannt nach dem gleichnamigen Cocktail-Fan Ernest Hemingway.

Minzen legen innerhalb einer Saison enorm an Blatt- und Wurzelmasse zu. Teile oder drittle die Pflanzen daher jedes Frühjahr und setze sie in frische Erde.

Cocktail-Kräuter

Balkonkasten:
80 cm

links:
Ananas-Minze (*Mentha suaveolens* 'Variegata')

mittig:
Mojito-Minze (*Mentha* spec. 'Nemorosa')

rechts:
Marokkanische Minze (*Mentha spicata* var. *crispa*) oder Grüne Minze (*Mentha spicata*)

Abstand:
zu Rand und anderen Pflanzen etwa 15 cm

Tomatenglück

Tomaten haben gern Gesellschaft, solange sie nicht zur Konkurrenz auswächst. Mit Petersilie und Ringelblumen als Partner hat das Nachtschattengewächs keine Probleme.

Klarer Mittelpunkt

Die Rollen in dieser Gemüsekiste (40 x 60 cm) sind klar verteilt: Die Tomate steht im wahrsten Sinne des Wortes im Mittelpunkt, auch damit ihr zu Füßen noch Rank- und Bewässerungshilfe gesetzt werden können. Erst danach kommen Ringelblumen und Petersilie in die Erde. Im Abstand von 15 cm flankieren sie die Tomate jeweils zur kürzeren Seite hin. Die Petersilienpflanze setze ich in einer Linie zur Tomate. Die Ringelblumen können ebenfalls vorgezogen oder direkt in die Ecke gesät werden. Stehen die Pflanzen leicht versetzt, wirkt das Ensemble weniger formal.

Leicht gepflückt und gleich vernascht: Kleine Kirschtomaten sind perfekt für den Balkon.

Sonnen- und Schattenseiten

Ein sonniger, geschützter Standort ist für diese Pflanzenkombination ideal – allen voran natürlich für die Tomaten. Auf meinem Westbalkon steht die Kiste mit der kurzen Seite an der Hauswand. Die Folge: Im Laufe des Sommers stellt die Tomate die hintere Reihe in den Schatten. Die Pflanze von unten etwas entlauben, bringt mehr Licht und tut auch den Tomaten gut: Es schützt vor Braunfäule.

So geht's weiter

Ab Herbst kannst du die abgeerntete Tomate durch Feldsalat, Asia-Salate und Spinat ersetzen. Schneide die Pflanze bodentief ab, steche die Hauptwurzeln vorsichtig aus und fülle Erde nach. Die zweijährige Petersilie kannst du in der Kiste stehen lassen. Ebenso die Ringelblumen: Sie blühen bis zum Frost. Einfacher ist es, die Kiste im Herbst komplett zu räumen und mit Wintersalaten zu bepflanzen. Pflanze die Petersilie vorsichtig um oder ernte sie ab. Ringelblumen für die Vase schneiden oder die Blüten für Salbe ernten. Saatgut sammeln nicht vergessen!

Ringelblumen locken zahlreiche Bestäuber an.

Anstelle von Ringelblumen und Petersilie kannst du die Tomate auch mit Kapuzinerkresse kombinieren. Mit ihren großen Blättern bedeckt sie den Boden und schützt ihn so vor dem Austrocknen.

Mischkultur für Tomaten

Kiste:
40 x 60 cm

Reihe 1:
2 x Ringelblume und
1 x Petersilie

Reihe 2:
1 x Tomate

Reihe 3:
2 x Ringelblume und
1 x Petersilie

Abstand:
zum Rand maximal 5 cm,
Tomate zu anderen
Pflanzen etwa 15 cm

Mehr als ein Augenschmaus

Blumen dürfen in keiner Pflückbar fehlen. Diese Kombi mit essbaren Blüten macht nicht nur im Balkonkasten was her, sondern ebenso auf dem Teller. Und die Insekten freuen sich auch.

Ein Kasten Buntes

Borretsch, Kornblume, Ringelblume und Speise-Chrysantheme vertragen sich hervorragend in dieser bunten Blumen-WG. Im Handel gibt es daher sogar fertige Mischungen. Ich stelle aber gern eine eigene zusammen – meist mit extra-vielen filigranen Kornblumen, weil ich ihr Blau so mag.

Essbare Blüten sind mehr als nur Deko.

Selbst gemischt

Diese Grundmischung besteht aus zwei Teilen Kornblumen und jeweils einem Teil Ringelblume bzw. Speise-Chrysantheme. Für einen Balkonkasten (80 cm) ist in der Regel ein knapper Teelöffel völlig ausreichend. Die Samen werden ab April etwa 1 bis 2 cm tief ausgesät. Du kannst die Samen ordentlich in Reihen legen oder – mit etwas Sand gemischt – breitwürfig aussäen und danach mit Erde abdecken. In der Mitte und an den Enden werden jeweils etwa 5 bis 10 cm freigelassen: Dort bekommt der Borretsch seinen Platz, da er verhältnismäßig groß werden kann.
Der Blumenkasten ist am sonnigen Balkongeländer gut aufgehoben. Allzu windig sollte es aber nicht sein, da Borretsch umknicken kann, wenn du ihn nicht stabilisierst.

Blüten und Frucht

Hübsche Blüten allein sind nicht genug? Dann setze doch Erdbeeren zu den essbaren Blüten. Gerade Borretsch gilt als gute Mischkultur. Und hübsch sind die Blüten der Rosengewächse allemal!
Neben den klassischen, weiß blühenden Sorten gibt es auch Erdbeeren mit rot- und pinkfarbenen Blüten. Monats- und Walderdbeeren blühen mehrere Monate.

Borretschblüten sind Hummel- und Bienenmagneten.

Überlasse ein paar essbare Blüten deinen summenden Gästen. Aus den bestäubten Blüten entwickeln sich Samen, die du im Herbst ernten kannst. Ich lasse den Samenstand einfach stehen: Was die Vögel nicht fressen, sät sich selbst aus. Das spart Arbeit und sorgt für bunte Überraschungen im nächsten Jahr - auch in anderen Kisten und Kübeln!

Ein Kasten Buntes

Balkonkasten:
80 cm

an den Kastenenden und mittig:
jeweils 1 x Borretsch

dazwischen:
Ringelblume, Kornblume und Speise-Chrysantheme, breitwürfig gesät

Gurke

Cucumis sativus

Gurken sind ein erfrischender Snack für zwischendurch. Für die Pflückbar bieten sich Sorten an, deren Früchte bis zu 20 cm lang werden – z. B. Gewürz- und Vespergurken wie 'Hokus', 'Bono', 'La Diva' und 'Vorgebirgstrauben'. Jede Sorte bringt bestimmte Vorlieben mit: Die eine will im Gewächshaus wohnen, die andere braucht eine zweite Pflanze zur Befruchtung. Erkundige dich also vorher genau, welche Vorlieben deine Gurkenpflanze hat.

Aussaat und Pflanzung Haben sie es warm genug, entwickeln sich Gurken schnell. Bei Temperaturen um 20 °C keimen die Samen problemlos innerhalb von 14 Tagen. Von Mitte Mai bis Mitte Juni kannst du sie direkt in eine Kiste oder einen großen Kübel säen, 1 bis 2 cm tief. Wenn du vorziehen willst: Ab Mitte April ein bis zwei Samen in einen kleinen Topf mit frischer Erde legen. Vor dem Auspflanzen unbedingt die letzten kalten Nächte abwarten, auch wenn es Juni werden sollte. Bio-Langzeitdünger in die Erde geben, damit der Starkzehrer gut versorgt ist.

Mischkultur Als Nachbarn bieten sich Basilikum, Borretsch, Kapuzinerkresse, Möhre, Petersilie und Salat an. Weniger gut verträgt sie sich mit Radieschen sowie Zucchini, Paprika und Tomate. In der Fruchtfolge eignen sich Asia-Salate, Feldsalat, Pflücksalat und Spinat.

Pflege Sonnig-warm, aber nicht allzu heiß: So sieht der ideale Standort für die Gurke aus. Wind und Trockenheit mag sie überhaupt nicht. Das setzt die flachwurzelnde Pflanze unter Stress und macht sie anfällig. Die Folgen: bittere Früchte, Krankheiten oder ungewollte Mitesser wie Spinnmilben. Die winzigen

Tierchen sind mit bloßem Auge kaum zu erkennen. Mit Vorliebe hängen sie an Blattunterseiten und bewegen sich in feinen Gespinsten. Ein feuchtes Milieu behagt ihnen nicht. Daher: eine Bewässerungshilfe einsetzen, die Gurke mulchen und ab und zu über die Blätter gießen – am besten mit abgestandenem, erwärmtem Wasser. Ebenfalls an den Blättern erkennst du Pilzkrankheiten wie Mehltau oder den Befall mit dem Mosaikvirus, der unter anderem von Blattläusen und Weißen Fliegen übertragen wird. Diese Pflanzen sind leider nicht mehr zu retten und müssen in den Hausmüll.
Die Gurke trägt reichlich, wenn du sie zwischendurch mit Flüssigdünger oder Wurmkompost versorgst. Damit die Pflanze buschiger wächst, kannst du die Triebspitze abschneiden, wenn sie drei bis fünf Blätter hat. Eine stabile Rankhilfe gibt der Kletterpflanze genügend Platz nach oben, schützt sie vor Fehltritten unsererseits und erleichtert die Ernte.

Ernte Wenn die Bedingungen stimmen, kannst du oft schon zwei Wochen nach der Blüte die erste Frucht pflücken – von Ende Juni bis in den Herbst hinein. Die ideale Länge hängt von der Sorte ab und liegt meist bei 10 bis 20 cm. Ernte regelmäßig, damit die Pflanze immer wieder neue Früchte produziert. Bittere Früchte nicht verzehren, da sie giftiges Cucurbitacin enthalten können.

Mein Tipp

Essiggurken: Gewürzgurken lassen sich in einem Sud aus Essig, Wasser, Zucker und Salz konservieren. Ernte sie jung, bei einer Länge von 5 bis 10 cm.

Hirschhornwegerich

Plantago coronopus

Hirschhornwegerich habe ich auf einem winterlichen Wochenmarkt entdeckt. Seitdem gehört er zu meinem Lieblingsgrün im Balkongarten – nicht nur, weil wir ihn das ganze Jahr hindurch ernten können.
Mit seinen dunkelgrünen, länglichen Blättern erinnert Hirschhornwegerich auf den ersten Blick an Spitzwegerich. Das ist kein Zufall, denn auch er gehört zu den Wegerichgewächsen. Die eigenwillige Form der tief geschlitzten Blätter ist es auch, die dem Salatkraut eine Fülle an fantasievollen Namen beschert hat: z. B. Krähenfuß oder Kapuzinerbart. Die Bezeichnung Sternkraut stammt wohl vom italienischen Namen ab: „Erba Stella". Dort gehört es zu den regionalen Spezialitäten und kann wild an den Küsten des Mittelmeers gesammelt werden. Den Geschmack von Meer bringen die fleischigen Blätter auch in die Pflückbar mit. Sie schmecken leicht salzig – einfach lecker!

An einem lichten Platz lässt sich Hirschhornwegerich gut mit Pflück- und Asia-Salaten kombinieren.

Aussaat und Pflanzung Hirschhornwegerich kannst du theoretisch von März bis Oktober direkt in ein Gefäß deiner Wahl säen. Die Samen sind jedoch sehr fein, sodass das Vereinzeln mühsam ist – selbst wenn du sie vorher mit etwas Sand vermischt hast. Einfacher ist es daher, Jungpflanzen vorzuziehen und die kräftigsten gezielt zu setzen, im Abstand von 15 cm. Die Samen kommen 1 bis 2 cm tief in die Erde und keimen binnen 14 Tagen. Einmal etabliert, sät sich Hirschhornwegerich von selbst aus, wenn du ihn lässt. Eine Alternative ist es, die Blütenstände abzuschneiden, bevor die Samen reifen.

Mischkultur Als Nachbar schätzt Hirschhornwegerich andere Pflücksalate und Rucola. Was seine Vor- und Nachmieter angeht, gilt er als unproblematisch.

Pflege Ein möglichst sonniges Plätzchen, an dem er sich unbedrängt breitmachen kann – mehr braucht der Hirschhornwegerich eigentlich nicht. In frische Erde gepflanzt, muss er im ersten Jahr nicht unbedingt gedüngt werden und auch nicht übermäßig gegossen. Das Wildkraut gehört also definitiv zu den pflegeleichteren und robusteren Gästen in unserer Pflückbar.

Wächst der Wegerich auf einem offenen Balkon, ist er in feucht-kalten Monaten für Schutz dankbar – nicht wegen der Kälte, sondern wegen der Nässe; denn bei zu viel Feuchtigkeit neigt er dazu, zu faulen. Fehlt bei Dauerfrost die schützende Schneedecke, ist Reisig ein guter Ersatz.

Ernte Je nach Aussaattermin kannst du die ersten frischen Blätter schon nach acht Wochen pflücken. Die Rosette treibt aus der Mitte immer wieder nach, die inneren Blätter also stehen lassen. Ab dem Herbst wächst die Pflanze langsamer. In milden Wintern kannst du an frostfreien Tagen ernten. Ältere Blätter, die länger als 10 cm sind, sind oft hart und zäh, schmecken aber lecker in Öl gebraten oder blanchiert mit Spaghetti.

Mein Tipp

Hirschhornwegerich schmeckt großartig im Salat. In Italien kommt er für Misticanza mit Pflücksalaten und Rucola in die Schüssel.

Karotte/Möhre

Daucus carota

Möhren gehören zu meinen Lieblingen im Balkongarten – nicht nur als Gemüse, sondern auch als Zierpflanze. Das dunkelgrüne, fein gefiederte Laub bildet einen tollen Kontrast zu den filigranen weißen Blütendolden, die nicht geerntete Pflanzen im zweiten Jahr zeigen. Eine Augenweide, die auch bei den Insekten beliebt ist.

Aussaat Säe die Möhren je nach Rübenlänge direkt in den Balkonkasten oder in höhere Gefäße aus, je nach Sorte von März bis Mitte August. Möhren lieben einen lockeren, leichten Boden. Magere die Erde daher mit etwas Sand ab. Saattiefe: 1 bis 2 cm. Abstand in der Reihe: etwa 2 bis 3 cm. Gehen alle Samen auf, mit 5 bis 8 cm Abstand ausdünnen. Karotten keimen eher langsam, innerhalb von drei bis vier Wochen. Ich säe sie gern mit Radieschen (siehe S. 36) aus. Sie beschatten die Erde und sind reif, wenn die Möhren sich zeigen.

Mischkultur Gute Nachbarn sind Gartenkresse, Pflücksalat, Radieschen, Schnittlauch, Spinat, Tomate und Zuckererbse. Gegen die Möhrenfliege helfen Zwiebeln und Dill. Als weniger empfehlenswert gilt Petersilie. Sie kannst du aber nach der Ernte pflanzen.

Pflege Möhren mögen keine Temperaturschwankungen und keine Trockenheit. Gieße gleichmäßig, damit die Rüben nicht platzen. Größere Pflanzen kannst du mulchen. Düngen ist nicht nötig. Heller, leicht windiger Standort, keine pralle Mittagssonne. In der kalten Jahreszeit vor Nässe und Frost schützen.

Ernte Je nach Sorte kannst du reife Möhren etwa zwei bis vier Monate nach der Aussaat am Grün aus der Erde ziehen oder davor als Babymöhren ernten. Damit es keine Enttäuschung gibt: Vor der Ernte etwas Erde von der Rübe wischen und den Durchmesser der Rübe checken. Noch nicht groß genug? Dann wieder bedecken, sonst wird die gelbe Rübe grün. Die Möhren vor dem ersten Frost ernten oder schützen.

Kurze Möhren wie 'Marché de Paris' passen problemlos in den Balkonkasten.

Wie bei allen Doldenblütlern locken auch die Blüten der Möhren eine bunte Vielfalt an Insekten an.

Von wegen orange: Möhren gibt es in vielen Farben, von schneeweiß bis violett. Ausprobieren!

Mexikanische Minigurke

Melothria scabra

Mit ihrer marmorierten Schale sehen Mexikanische Minigurken auf den ersten Blick aus wie Wassermelonen – nur eben in Olivengröße. Wer auf eine fruchtig-süße Erfrischung hofft, wird beim Biss in die knackige Frucht allerdings enttäuscht: Erfrischend schmeckt die Melothria, aber da steckt dann doch einiges an Gurke drin. Ein toller Snack für zwischendurch ist das Zwerggürkchen trotzdem. Und nicht zuletzt auch wegen ihrer schönen Blätter ist sie ein Hingucker, den nicht jede Pflückbar zu bieten hat.

Aussaat und Pflanzung Die Melothria gehört, wie Salatgurken und Zucchini, zu den Kürbisgewächsen. Und genau wie diese säe ich sie gleich in kleine Töpfe mit frischer Pflanzenerde. Von der zweiten Märzhälfte bis Mai kommen die Samen etwa 1 bis 2 cm tief in die Erde. Bei Temperaturen um 20 °C keimen sie binnen drei Wochen. Entwickelt sich das Pflänzchen auf der warmen Fensterbank zu schnell, gib ihr eine kleine Rankhilfe und stelle sie an einen kühleren Platz.
Ab Mitte Mai, nach den letzten Nachtfrösten, kann die Jungpflanze nach draußen umziehen. Jetzt ist auch eine Direktsaat möglich. In einen Kübel oder eine Obstkiste mit frischer Erde setzen und organischen Langzeitdünger mit ins Pflanzloch geben: Wer binnen weniger Wochen 2 m und größer werden will, braucht einiges an Nährstoffen.

Mischkultur Als Partner eignen sich genügsame Gewächse, die sich im Sommer über die Beschattung freuen: z. B. Pflücksalat und Radieschen, aber auch Kräuter und Blumen mit essbaren Blüten.

Pflege Ein sonniger, windgeschützter Platz ist für das wärmeliebende Gewächs aus Mittelamerika ideal. Nutze es als Wandbegrünung oder Sichtschutz. Statt einer Rankhilfe (siehe Kasten) kannst du die Melothria auch an Sonnenblumen emporwachsen lassen. Ein Dach von oben schützt die Pflanze vor zu viel Nässe, ist aber nicht unbedingt notwendig.
In der Pflege ist die Mexikanische Minigurke einfacher als ihre divenhafte Namensvetterin. Andauernde Trockenheit mag sie aber auch

nicht. Daher: regelmäßig gießen und eine Bewässerungshilfe einsetzen. Bei Bedarf mit Flüssigdünger versorgen. Zum Ende der Saison hin auf Mehltau achten.

Ernte Ab Mitte/Ende Juni entwickeln sich aus den kleinen gelben Blüten Minigurken, die du ab Juli bei einer Länge von 2 bis 3 cm pflücken kannst. Warte damit nicht zu lange, denn je größer das Gürkchen wird, umso mehr Kerne enthält es. Zudem schmeckt es nicht mehr so gut – und fällt irgendwann ab. Durch die regelmäßige Ernte bildet die Pflanze zudem immer wieder neue Früchte aus. So kannst du bis in den Herbst hinein und vielleicht sogar bis zum ersten Frost ernten. Falls du die Früchte nicht gleich vernaschen magst, kann man sie halbiert für Salate verwenden oder wie Essiggurken ganz einlegen.

Ranken und Stützen

Einige Pflanzen brauchen eine Hilfe, die sie stabilisiert oder an der sie in die Höhe wachsen können.

Mexikanische Minigurke und Zuckererbse halten sich gern an dünnen Drähten, Zweigen, Gittern oder Schnüren fest, die sie mit ihren Ranken umschlingen. Brombeeren, Himbeeren und Wein musst du an ein Holzgitter (Spalier) binden. Ein Bambus- oder Metallstab stützt Paprika und Tomate, damit sie bei Wind nicht abbrechen. Obststämmchen benötigen einen stabilen Stützpfahl.

Gemüsepaprika

Capsicum annuum

Milde Gemüsepaprika gibt es viele. Für einen Snack zwischendurch eignen sich Snackpaprika, also Sorten mit kleinen Früchten. Eine farbenfrohe Auswahl bietet die Mischung „Bunte Zwerge“. Aber auch größere Paprika lassen sich auf dem Balkon anbauen und in der Küche weiterverarbeiten.

Aussaat und Pflanzung Paprika hat eine lange Kulturdauer. Je nach Sorte wird sie von Mitte Februar bis April drinnen vorgezogen. Säe 0,5 bis 1 cm tief in eine Aussaatschale mit Anzuchterde aus und stelle sie so hell wie möglich und am besten in ein Mini-Gewächshaus, damit eine hohe Luftfeuchtigkeit herrscht. Bei Temperaturen um 25 °C keimen die Samen binnen 14 Tagen. Danach kühler stellen. Pikieren und ab Mitte Mai die Jungpflanzen in eine Kiste oder einen Kübel setzen, wenn es keine Nachtfröste mehr gibt; dabei organischen Langzeitdünger mit in die Erde geben.

Gerade mal 16 g schwer ist die flache, runde, schokoladenbraune 'Yola'.

Mischkultur Als gute Nachbarn für das Nachtschattengewächs gelten Basilikum, Kapuzinerkresse, Petersilie, Ringelblume und Salat. Weniger empfehlenswert sind Starkzehrer wie Tomate, aber auch Zuckererbse.

Pflege Ursprünglich aus Mittel- und Südamerika stammend, braucht Paprika einen möglichst sonnigen, warmen und geschützten Platz in der Pflückbar. Zugige Ecken mag sie eher weniger. Gleichmäßig feucht halten und mulchen. Bei Bedarf mit Flüssigdünger versorgen und stützen. Breche die erste Blüte aus – so wächst die Pflanze weiter und produziert auf lange Sicht mehr Früchte. Im frühen Stadium können Trauermücken und Blattläuse auftreten, später Mehltau.

Ernte Paprika kannst du bereits grün ernten. Ausgereift sind die Früchte nach dem Farbumschlag – je nach Sorte und Aussaat ab Juli/August. Mitsamt dem kurzen Stiel ernten. Grüne Früchte vor dem ersten Frost abnehmen und drinnen ausreifen lassen.

Die längliche rote Snackpaprika 'Arwen' passt problemlos in eine Lunchbox.

Die blockförmigen Früchte der 'Sweet Julie' sind orangefarben, wenn sie reif sind.

Die ungarische Glockenpaprika hat eine außergewöhnliche Form und kann drinnen überwintert werden.

Tomate

Lycopersicon esculentum

Tomaten sind für mich ein absolutes Muss im Balkongarten. Keine Supermarktware kann mit diesem Aroma mithalten. Und die Vielfalt ist atemberaubend: Manche sind gerade mal so groß wie eine Johannisbeere, andere bringen bis zu zwei Kilo auf die Waage. Die Früchte sind kugelrund, länglich-oval oder geformt wie eine Birne, einfarbig oder gestreift, leuchtend rot, zitronengelb, tieforange, grasgrün oder schwarz-violett. In der EU ist aktuell das Saatgut von knapp 4.500 Sorten für den Handel zugelassen, die sich unter anderem in Form, Größe, Farbe und Geschmack unterscheiden. Die tatsächliche Anzahl an Sorten weltweit liegt um ein Vielfaches höher. Eine kleine Auswahl für deine Pflückbar findest du auf der nächsten Doppelseite.

Tomaten ausgeizen

Ausgeizen oder nicht ausgeizen - darüber können Tomatenfans ausgiebig diskutieren. Bei Stabtomaten und Sorten, die nur an einem Haupttrieb gezogen werden, wird empfohlen, alle Triebe, die aus den Blattachseln wachsen, möglichst früh auszukneifen. Sie kosten der Pflanze Kraft, die sie für die Blüte und Früchte benötigt. Grundsätzlich nicht ausgegeizt werden Wildsorten und Busch-Tomaten. Gesunde Blätter und Triebe kannst du zum Mulchen verwenden.

Aussaat und Pflanzung Das frostempfindliche Nachtschattengewächs kommt traditionell erst ab Mitte Mai dauerhaft nach draußen. Säe sie daher drinnen aus, aber bitte nicht zu früh: Anfang März bis Mitte April reicht je nach Sorte aus. Die Samen kommen etwa 0,5 cm tief in Aussaaterde und keimen bei 20 °C binnen 14 Tagen. Danach etwas kühler stellen und in Töpfe mit normaler Erde pikieren, nachdem sich das erste Paar richtiger Tomatenblätter gebildet hat - die ovalen sind die Keimblätter! Vor dem Auspflanzen gut abhärten und ruhig etwas tiefer in zusätzlich gedüngte Erde setzen: Die zusätzlichen Wurzeln stabilisieren die Pflanze. Tomaten wachsen am besten in großen Kübeln und Kisten (siehe S. 11). Kompakte Sorten passen auch in einen Balkonkasten, tragen dort aber eher wenig.

Mischkultur Tomaten passen gut zu Basilikum, Kapuzinerkresse, Möhre, Petersilie, Ringelblume, Pflücksalat und Tagetes (siehe auch S. 59). Als weniger empfehlenswerte Mitbewohner gelten andere Starkzehrer wie Paprika und Zucchini, aber auch Erbsen. In der Fruchtfolge bieten sich genügsame Gewächse wie Asia-Salate, Feldsalat, Pflücksalat, Radieschen, Spinat und Winterpostelein an.

Pflege Tomaten lieben es warm und sonnig. Da viele Sorten krank werden, wenn sie nasse

Blätter haben, brauchen sie meist ein Dach über dem Kopf und dürfen nicht über die Blätter gegossen werden. Eine Bewässerungshilfe und Mulchen erleichtern die Pflege. Trotz zusätzlichem Langzeitdünger wirst du im Sommer wahrscheinlich nachdüngen müssen: Tomaten gehören zu den Starkzehrern. Dünge dennoch nur nach Bedarf, da die Pflanzen sonst anfällig für Schädlinge und Krankheiten werden.
Produziert die Pflanze übermäßig viel Grün, kann die Luft kaum zirkulieren. Mehltau oder gar Kraut- und Braunfäule können die Folge sein – und die Ernte schlimmstenfalls im Eimer. Ausgeizen kann daher bei einige Sorten durchaus sinnvoll sein (siehe Kasten). Große Tomatenpflanzen brauchen eine Stütze, damit sie nicht abknicken.

Ernte Reife Tomaten sind komplett durchgefärbt, manchmal etwas weich und lassen sich problemlos pflücken. Frühe Sorten sind oft schon ab Juli pflückbar. Sobald im Herbst die Temperaturen unter 10 °C fallen, kannst du ausgewachsene Früchte samt Rispe abschneiden und bei Zimmertemperatur nachreifen lassen.

Verzehre nur ausgereifte Früchte. Unreife Tomaten enthalten giftiges Solanin, das je nach verzehrter Menge und Körpergewicht tödlich sein kann.

Tomaten für deine Pflückbar

Für deine Pflückbar brauchst du keine speziell gezüchteten Balkonsorten. Ich empfehle jedoch Sorten mit eher kleinen Früchten. Sie lassen sich bequem sofort verzehren und über einen längeren Zeitraum ernten. Bei großen Fleischtomaten fällt die Ernte mengenmäßig eher klein aus.

Cherry-Tomaten/ Cocktail-Tomaten 1 2

Diese Mini-Tomaten sind schnell in aller Munde. Die Cherrys sind dabei noch ein bisschen kleiner und süßer als die Cocktail-Tomaten. Die Pflanzen brauchen wenig Platz, wenn sie als Stabtomaten mit nur einem Haupttrieb gezogen werden. Dafür ist es ratsam, die Seitentriebe regelmäßig auszugeizen (siehe S. 73). Die Auswahl an Sorten ist groß, sodass ich jedes Jahr neue ausprobiere. Zu meinen Favoriten zählen – bislang – 'Sibirisches Birnchen', 'Vesennij Mieurinskij', 'Gardeners Delight', 'Black Cherry' und 'Sunrise Bumble Bee'. Die Sorte 'Tumbling Tom' ist mit ihrem überhängenden Wuchs perfekt für Ampeln und Balkonkästen.

Wildtomaten 3 4

'Rote Murmel' und 'Golden Currant' waren die ersten Tomaten, die ich angebaut habe und sind aus meiner Sicht ideal für den Einstieg. Als Wildtomaten tragen sie kleine, aber viele Früchte. Die Pflanzen sind genügsam, sehr robust und pflegeleicht. Ihr größter Pluspunkt: Sie brauchen nicht unbedingt ein Dach über dem Kopf und sind daher ideal für offene Balkone geeignet.

Strauch-Tomaten/ Busch-Tomaten

Strauch- und Busch-Tomaten bleiben kompakt, benötigen keine Rankhilfe und müssen nicht ausgegeizt werden. Dadurch nehmen sie aber recht viel Fläche ein. Bei den Fruchtgrößen kannst du zwischen Cherry-, Salat- und Fleischtomaten wählen. Mein Tipp, wenn du etwas Außergewöhnliches ausprobieren möchtest: Die 'Fuzzy Wuzzy' ist mit ihren behaarten graugrünen Blättern und ihren rot-goldenen Früchten ein Hingucker.

⟶ Du hast deine Lieblingstomate entdeckt? Teile sie auf Instagram #meinepflückbar.

Mein Tipp

Samen samt Fruchtfleisch aus der Tomate löffeln, in einem Glas Wasser drei Tage stehen lassen und nach dem Absieben auf Küchenkrepp trocknen: Fertig ist das Saatgut für die nächste Saison!

1

2

3

4

Zucchini

Cucurbita pepo

Zucchini in der Pflückbar? Aber ja! Junge Früchte des aus Mittelamerika stammenden Kürbisgewächses sind in der Regel roh essbar. Erkundige dich vor dem Kauf. Walzenförmige Zucchini gibt es in Weiß ('Erken'), Gelb ('Gold Rush') und verschiedenen Grün-Nuancen – einfarbig wie die fast schwarz wirkende 'Black Beauty', marmoriert wie 'Zuboda' und 'Zarte Grüne' oder mit deutlichen Streifen wie 'Striato d'Italia'. Mal was anderes sind runde Zucchini wie 'Tondo Di Piacenza'.

Aussaat und Pflanzung Zucchini ist frostempfindlich, entwickelt sich aber so schnell, dass du sie direkt von Mitte Mai bis Mitte Juni in einen großen Kübel oder eine Kiste säen kannst. Für frühe Ernten ab Mitte April vorziehen: Zwei Samen kommen etwa 3 cm tief in kleine Töpfe mit frischer Pflanzenerde. Bei Temperaturen um 20 °C gehen sie binnen 14 Tagen auf. Keimen beide Samen, das stärkere Pflänzchen kultivieren. Nach dem letzten Frost in einen großen Topf oder eine Kiste in frische Erde mit Langzeitdünger pflanzen.

Mischkultur Falls noch Platz in der Kiste ist: Zucchini fühlt sich in der Nachbarschaft von Basilikum, Erdbeere, Kapuzinerkresse, Petersilie und Salat wohl. Als Mischkultur weniger geeignet gelten Starkzehrer wie Tomate, Gurke und Paprika. Danach kannst du Feldsalat und Winterpostelein säen.

Pflege Zucchini braucht reichlich Platz. Reserviere für sie etwa 1 bis 2 Meter an einem warmen, sonnigen und eher geschützten Standort, damit sich die großen herzförmigen Blätter ungestört entfalten können. Wie bei Gurken gilt auch hier: Bitte keinen Stress. Ansonsten werden die Pflanzen kränklich und die Früchte ungenießbar.
Halte die Erde also gleichmäßig feucht und gieße möglichst mit abgestandenem, erwärmtem Wasser. Mulchen und eine Gießhilfe sind empfehlenswert. Mit organischem Flüssigdünger oder Wurmkompost nachdüngen,

wenn der Vorrat aus der Erde verbraucht ist. Aber nicht übertreiben: Nährstoffüberschuss in den ersten Wochen lockt Blattläuse an. Ansonsten ist die Zucchini eine sehr pflegeleichte Mitbewohnerin, die gern Gesellschaft hat: Dann klappt es auch mit dem Fruchtansatz besser. Faulen schon die kleinen Früchte ab, kann es sich um Blütenendfäule handeln, die durch Kalziummangel verursacht wird. Im Herbst bekommt die Pflanze häufig Mehltau – aber dann ist die Erntezeit auch schon so gut wie vorbei.

Ernte Die ersten Zucchini kannst du Ende Juni ernten, sobald sie 10 cm lang sind: Fasse sie am kurzen Stiel und drehe oder schneide sie vorsichtig ab. Lass Zucchini nicht zu lang werden. Große Früchte verlieren an Aroma. Außerdem produziert die Pflanze keine neuen Blüten, sondern steckt ihre Energie in die Samenbildung in der Frucht. Ganz wichtig: Esse keine Früchte, die seifig oder bitter schmecken. Der Geschmack kann auf Cucurbitacin hindeuten, das zu Lebensmittelvergiftungen führen kann. Die großen gelben Blüten sind ebenfalls essbar.

Mein Tipp

Ohne Bestäubung keine Frucht: Mit einem Pinsel kannst du selbst Biene spielen und die Narbe der weiblichen Blüten mit männlichen Pollen bestäuben.

Zuckererbse

Pisum sativum subsp. *sativum*

Zuckererbsen oder Zuckerschoten kennst du sicherlich als Erbsensorten, die unreif gepflückt und mitsamt der Hülse verzehrt werden. Doch das ist nicht alles: Auch die jungen Triebe sind essbar – und schmecken bereits herrlich erbsig. Seit ich das weiß, wachsen das ganze Jahr über ein paar Zuckerschoten in meiner Pflückbar. Mit ihrem filigranen Wuchs und ihren schmucken Schmetterlingsblüten ist jede Sorte eine Zier. Mein ganz persönlicher Favorit ist derzeit die lilapinke 'Graue Buntblühende'.

Aussaat Willst du nur das Erbsengrün ernten, kannst du Zuckererbsen eigentlich immer aussäen – in den Wintermonaten allerdings eher drinnen auf der Fensterbank. In milden Regionen und unter Schutz kannst du in der zweiten Januarhälfte eine Aussaat wagen. Einige Sorten keimen bereits bei Temperaturen über 5 °C, es kann auch bis zu vier Wochen dauern und die Pflanzen entwickeln sich langsam. Empfohlen wird daher eine Aussaat ab März. Die Samen kommen 3 cm tief in lockere Erde, im Abstand von 3 cm. Für Grünsprossen kannst du dichter säen.

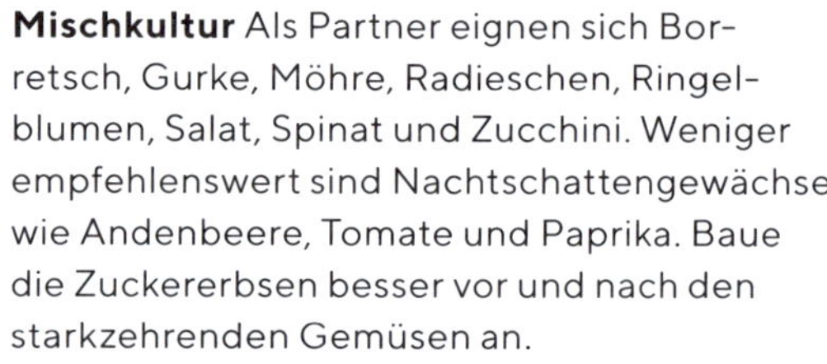

Mischkultur Als Partner eignen sich Borretsch, Gurke, Möhre, Radieschen, Ringelblumen, Salat, Spinat und Zucchini. Weniger empfehlenswert sind Nachtschattengewächse wie Andenbeere, Tomate und Paprika. Baue die Zuckererbsen besser vor und nach den starkzehrenden Gemüsen an.

Pflege Zuckererbsen sind pflegeleicht, wenn sie am richtigen Standort stehen. Idealerweise ist er möglichst sonnig und weder zu heiß noch zu trocken. Eine Rankhilfe (siehe S. 69) bietet hohen Sorten Halt. Anhäufeln sorgt für zusätzliche Standfestigkeit. Ich lasse Zuckererbsen gern in einem Blumenkasten am Balkongitter ranken – oder über die Brüstung hängen. Das sieht toll aus und der stete Luftzug verhindert Mehltau. Die Blattläuse hält das allerdings nicht ab und auch die Vögel freuen sich über das zarte Grün.

Halte die Erde in den Sommermonaten gleichmäßig feucht. In regenreichen Zeiten schützt eine Abdeckung vor zu viel Nass. Selbst wenn du nicht in frische Erde gesät hast, braucht die Pflanze keinen weiteren Dünger. Im Gegenteil: Zuckererbsen können sich prima selbst versorgen. Sie binden mithilfe von Knöllchenbakterien den Stickstoff aus der Luft.

Ernte Zuckererbsen werden etwa zehn Wochen nach Aussaat geerntet, und zwar unreif: Pflücke die Hülsen, sobald sich die Kerne abzeichnen. Je jünger die Schoten sind, desto süßer schmecken sie. Ausgewachsene Erbsen sind ebenfalls essbar. Als Grünsprossen kannst du Zuckerschoten das ganze Jahr über auch auf der Fensterbank ziehen und binnen 14 Tagen ernten, wenn sie etwa 10 cm hoch sind (siehe S. 136). Wenn du die Triebe oberhalb einer Blattachse schneidest, wächst sie weiter.

Mein Tipp

Die jungen, kantigen Schoten der roten oder gelben Spargelerbse (*Tetragonolobus purpureus*) sehen nicht nur ungewöhnlich aus, sondern können auch wie Zuckerschoten geerntet werden.

Basilikum

Ocimum spec.

Typisch italienisch? Dachte ich auch. Basilikum ist aber eher in den warmen Regionen Asiens, Südamerikas und Afrikas zu Hause. Diesen Lippenblütler gibt es in zahlreichen Arten und Sorten. Die eiförmigen, grünen bis violetten Blätter der Basilikum-Arten schmecken mal nach Anis, Zitrone oder Zimt.

Aussaat und Pflanzung Das kälteempfindliche Basilikum wird in der Regel in der zweiten Maihälfte in Topf oder Balkonkasten mit frischer Erde und Langzeitdünger gesetzt. Kaufe abgehärtete Jungpflanzen aus der Gärtnerei – die Ware aus dem Supermarkt ist meist nur für den unmittelbaren Verzehr geeignet. Noch besser: Basilikum selber vorziehen, je nach Sorte geht das von Februar bis Mai. Die lichtkeimenden Samen werden leicht auf die Aussaaterde gedrückt und gehen bei Temperaturen um 20 °C innerhalb von 21 Tagen auf.

Die Blätter des mehrjährigen Tulsi-Basilikums eignen sich besonders gut für Tee.

Mischkultur Gute Nachbarn sind unter anderem Andenbeere, Paprika und Tomate.

Pflege Basilikum steht nur ungern in der heißen Mittagssonne. Ein vor Wind geschützter, sonniger und warmer Standort ist ideal. Halte die Erde gleichmäßig feucht, da es bei zu viel Nässe zum Faulen neigt und bei Trockenheit anfällig für Spinnmilben ist (siehe S. 62). Regelmäßig, aber eher mäßig düngen, um Blattläuse nicht noch mehr anzulocken. Mehrjährige Sorten müssen im Herbst nach drinnen umziehen – spätestens, wenn die Temperaturen unter 10 °C fallen. Bei 15 bis 20 °C hell überwintern, regelmäßig mit Wasser besprühen. Für die Vermehrung Stecklinge in einem Glas mit Wasser wurzeln lassen.

Ernte Basilikum kannst du von Juni bis in den September hinein ernten. Zwicke zwischen Daumen- und Zeigefingernagel die Triebspitze samt Stängel oberhalb eines Blattpaares ab. So verhinderst du, dass die Pflanze in Blüte geht. Aus den Blattachseln entwickeln sich neue Triebe.

Das italienische Genoveser Basilikum ist mit seinen weichen, großen grünen Blättern der Klassiker.

Buschbasilikum entwickelt zwar nur kleine, dafür aber zahlreiche Blätter und blüht spät.

Die Kreuzung 'African Blue' ist ein beliebter Hummelmagnet, kann aber nur über Stecklinge vermehrt werden.

Kräuter trocknen

Das Sommergefühl haltbar machen

Do!

Petersilie, Sauerampfer und Schnittlauch lassen sich klein geschnitten einfrieren. In Eiswürfelformen lassen sich die Küchenkräuter gut portionieren.

Das brauchst du:

Tee- und Würzkräuter wie Lavendel, Minze, Oregano, Rosmarin, Salbei, Thymian, Zitronenmelisse

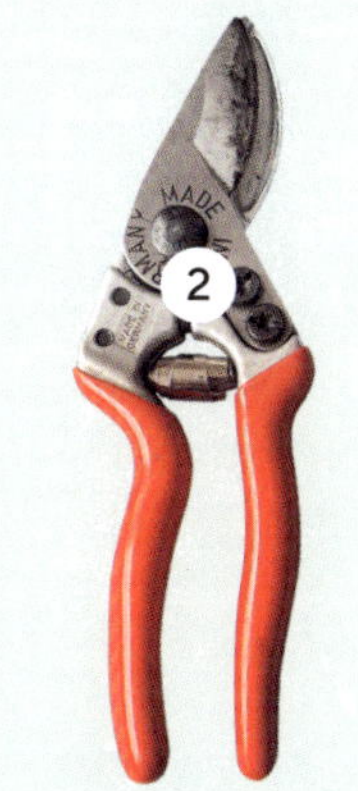

Gartenschere oder scharfes Küchenmesser

Kordel, Blumendraht oder Gummiband

4

Außerdem:
Einen Platz zum Aufhängen, z. B. einen Balken oder eine Gardinenstange

So wird's gemacht:

Schritt 1: Für die Ernte den richtigen Zeitpunkt wählen. Als ideal gilt ein trockener und warmer, aber nicht allzu sonniger Tag – und dann am besten am späten Vormittag. Kräuter werden grundsätzlich vor der Blüte geerntet, da die Blätter danach weniger Aroma haben. Allein Oregano ernte ich blühend. Die feinen Blüten sind ein Genuss!

Schritt 2: Einige Triebe knapp über der Erde abschneiden.

Schritt 3: Blätter verlesen: Nur das gesunde, unversehrte Grün wird getrocknet. Ich wasche die Kräuter in der Regel nicht, sondern schüttle sie nur aus. Falls du sie wäschst, vorsichtig trocken tupfen, damit die Blätter nicht zerquetscht oder verletzt werden.

Schritt 4: Kräuter zu kleinen Sträußen oder Ketten binden und sie kopfüber an einem warmen, trockenen Platz aufhängen, der möglichst schattig und luftig ist.

Schritt 5: Die getrockneten Kräuter luftdicht und sonnengeschützt aufbewahren.

Trocknen im Backofen Du hast keinen Platz oder willst Kräuter schnell trocknen? Bei 30 °C kannst du vorgetrocknete Kräuter innerhalb weniger Stunden im Backofen dörren. Die Kräuter flach auf einem Backblech auslegen und ab und zu wenden. Wichtig: Die Ofentür einen Spaltbreit offen lassen, damit die Feuchtigkeit entweichen kann.

Minze

Mentha spec.

Mit Minzen lässt sich problemlos eine komplette Pflückbar gestalten. Ob mit kühlendem Menthol oder fruchtigem Aroma, grünen, behaarten oder panaschierten Blättern: Die Auswahl ist so groß, dass auch du bestimmt deine Lieblingssorte findest.

Aussaat und Pflanzung Die Minze kannst du von April bis August als Jungpflanze in frische Erde mit Langzeitdünger setzen. Nur wenige Sorten sind als Saatgut erhältlich. Eine Direktsaat ist von April bis Juni möglich; Erfolg versprechender ist es, Jungpflanzen vorzuziehen. Je nach Sorte werden die Samen nur oberflächlich angedrückt oder mit maximal 0,5 cm Erde bedeckt. Bei Temperaturen um 20 °C keimen sie binnen zwei bis vier Wochen.

Mischkultur Pflanze die Minze am besten allein in einen Kübel oder in einen Balkonkasten oder in eine Kiste mit anderen, ebenfalls durchsetzungsstarken Gewächsen wie Zitronenmelisse oder anderen Minzen (siehe S. 56). Alternative: mit Wurzelsperre pflanzen und oberirdische Ausläufer kappen.

Pflege Minzen sind recht pflegeleicht, solange sie einigermaßen sonnig in gleichmäßig feuchter, nährstoffreicher Erde stehen. Im Frühjahr neigen geschwächte oder zu stark gedüngte Pflanzen zu Blattläusen. Auch von Mehltau und Rostpilz können sie befallen werden: dann die Triebe bodentief abschneiden und entsorgen. Um die Minze zu verjüngen, im Frühling teilen und in frische Erde mit Langzeitdünger setzen. Stecklinge im Wasser wurzeln lassen. Im Winter kann Minze ohne besonderen Schutz draußen bleiben. Alternativ: teilen und eine Pflanze drinnen kultivieren.

Ernte Minze kannst du von Mai bis zum Frost ernten. Am besten pflückst oder schneidest du die obere Hälfte der Triebe ab, auch um die Blütenbildung zu verhindern. Die nektarreichen Lippenblüten gelten ebenfalls als essbar.

Mein Tipp

Keine Lust auf Tee? Mit Minze kannst du ebenso kaltes Wasser aromatisieren, auch in Kombination mit Borretsch, Gurke, Erdbeere, Aprikose oder Zitrone.

Ob als Tee, im Salat oder einfach so: Die Marokkanische oder Arabische Minze (*Mentha spicata* var. *crispa*) gehört zu meinen Lieblingsminzen.

Köstlichen Minztee kannst du aus frischen oder getrockneten Blättern (siehe S. 82) aufbrühen – pur oder gemischt aus verschiedenen Sorten.

Schmuckminzen wie die Ingwer- oder die Ananas-Minze haben ein schön panaschiertes Laub.

Aroma-Lounge

Duftende Kräuter

Thymian

Mediterrane Kräuter laden nur bedingt zum Naschen ein. Dennoch dürfen die genügsamen Gewächse in der Pflückbar nicht fehlen: Ihr würziges Aroma ist eine wahre Aromatherapie.

Lavendel

Seine violetten Blüten haben eine beruhigende Wirkung. Insekten fliegen auf ihren süßen Nektar. In der Küche können wir die Blüten für Getränke, Gebäck und Süßspeisen verwenden. Die silbergrünen Blätter lassen sich wie Rosmarin nutzen. Verblühtes zeitnah schneiden für einen zweiten Flor.

Eberraute

Die silbrig-grünen, fein gefiederten Blätter sind nicht nur hübsch anzusehen. Sie haben auch ein intensives, zitronig-süßliches Aroma und werden daher eher sparsam zum Würzen eingesetzt. Eine Variante der alten Heilpflanze macht gerade Karriere – unter dem Namen Cola-Kraut.

Oregano

Das würzige Pizza- und Pasta-Kraut mit den eiförmigen Blättern ist auch als Dost bekannt und hierzulande als Wildkraut anzutreffen. Mit der Zeit hat es nicht nur mein Herz, sondern auch so manch benachbartes Gefäß erobert. Die essbaren rosafarbenen Blüten sind umschwärmte Bienenweiden.

Rosmarin

Mit seinen nadelförmigen Blättern ist er ideal an Hitze angepasst. Leider ist er nicht immer frosthart. An einem geschützten Standort öffnen sich im Frühjahr zartviolette Lippenblüten, die Insekten sehr zu schätzen wissen. Ich halte mich lieber an die frittierten Nadeln im Backofengemüse.

Thymian

Geliebtes Risottokraut und Helfer bei Erkältungskrankheiten. Doch damit nicht genug: Je nach Sorte kann das robuste Grün nach Zitrone, Limone und Orange duften, nach Rose, Pinie, Lavendel und sogar Earl Grey. Ob die Blüten auch danach schmecken?

- Pflanze mediterrane Kräuter in Terrakotta-Gefäße und magere die Erde mit Sand und Ziegelsplitt ab.
- Ein sonniger, warmer Standort ist ideal.
- Gieße mäßig. Im Frühling kannst du etwas Kompost geben oder sparsam düngen.
- Ernte regelmäßig junge Triebe, so bleiben die Pflanzen schön buschig.

Essbare Blüten

Blüten bringen nicht nur Farbe in deine Pflückbar. Viele sind essbar und überraschen mit Aromen von zuckersüß bis pfeffrig-scharf. Ob eine Blüte essbar ist, kannst du ihr leider nicht ansehen. Es gibt auch ungenießbare Sorten und Pflanzen, die hochgiftig sind. Recherchiere daher genau und verwende nur Blüten, bei denen du dir absolut sicher bist. Bei Handelsware bin ich vorsichtig, kaufe nur Bio-Qualität – und frage trotzdem immer nach. Gerade klassische Zierpflanzen wie Hornveilchen oder Duftgeranien können Reste von Spritzmitteln enthalten und sollten deshalb nicht verzehrt werden.

Diese Blüten sind grundsätzlich essbar:

Blumen: Duftgeranien, Gänseblümchen, Hornveilchen, Löwenzahn, Kornblume, Lavendel, Ringelblume, Speise-Chrysantheme

Kräuter: Basilikum, Borretsch, Kapuzinerkresse, Minze, Oregano, Parakresse, Salbei, Schnittlauch, Thymian, Zucchini

Obst: Apfel, Birne, Kirsche, Pflaume

Gemüse: Rucola, Zucchini

Leckere Deko

Mit den süßen Blüten von Apfel, Borretsch, Minze und Hornveilchen kannst du Kuchen, Eis und andere Desserts dekorieren. Kapuzinerkresse, Schnittlauch, Parakresse und Speise-Chrysantheme eignen sich für Salate, Blütenbutter, Frischkäsebällchen und andere herzhafte Speisen. Ein besonderer Hingucker für laue Cocktailabende sind essbare Blüten im Eiswürfel.

Mein Tipp

Es muss ja nicht immer ein Strauß sein: In kleinen Vasen, Flaschen und Gläsern wirken auch einzelne Blumen und Kräuter dekorativ.

Bienenbuffet

Einmal geschnitten, welken die Blüten schnell dahin – und nicht jede hält sich in der Vase oder kann getrocknet werden. Ernte daher nur so viele Blüten, wie du brauchst. Das freut auch Insekten: Für Honig- und Wildbienen ist der Blütennektar nämlich die Hauptnahrungsquelle.

Blütenfülle

Viele essbare Blumen gehören zu den unermüdlichen Blühern. Schneide sie ab, wenn sie verblüht sind. Sobald eine Pflanze beginnt, Früchte und Samen zu produzieren, ist es mit dem Flor oftmals schnell vorbei.

Kapuzinerkresse

Tropaeolum majus

Kapuzinerkresse wächst unermüdlich und blüht wunderschön. Ursprünglich stammt das wärmeliebende Gewächs aus Südamerika. Insgesamt umfasst die Gattung wohl an die 90 Arten. Hierzulande ist vor allem die Große Kapuzinerkresse verbreitet, deren Ranken bis zu 3 Meter lang werden können. Es gibt aber auch kompakt wachsende Varianten.
Ihren Namen verdankt die Kapuzinerkresse ihrer Blütenform, die - von der Seite betrachtet - wie die zipfelige Kopfbedeckung der Kapuzinermönche aussieht. Bei den Farben hat man die Qual der Wahl: Neben den klassischen gelben und orangefarbenen Sorten gibt es inzwischen auch Züchtungen mit weißen, cremefarbenen, roten oder pinkfarbenen Blüten. Achte darauf, dass die Pflanze auch zum Verzehr geeignet ist.

Aussaat und Pflanzung Die Kapuzinerkresse ist frostempfindlich. Im Mai kannst du sie direkt säen. Einfacher ist es aber, Jungpflanzen im März und April vorzuziehen und sie ab Mitte Mai in Kisten, Kübel und Balkonkästen zu pikieren. Säe dafür zwei bis drei Samen in Töpfe mit normaler Erde aus, je nach Sorte 1 bis 3 cm tief. Sie keimen innerhalb von 21 Tagen. Im Abstand von 20 bis 30 cm setzen.

Mischkultur Apfel, Basilikum, Erbse, Gurke, Salat und Tomate passen gut zu Kapuzinerkresse. Als weniger günstig gelten Dill, Petersilie, Rucola und Schnittlauch.

Pflege Besonders wohl fühlt sich die Kapuzinerkresse an einem warmen, sonnigen bis halbschattigen Standort. Im Schatten entwickelt sie weniger Blüten und neigt zu Mehltau. In der prallen Mittagssonne macht sie schlapp, wenn sie zu trocken steht. Gieße sie daher regelmäßig, dünge allerdings eher sparsam: Die Pflanze entwickelt sonst vor allem Blätter und zieht noch mehr Blattläuse an, als sie es ohnehin schon tut. Befallene Triebe komplett abschneiden und entsorgen.

Kapuzinerkresse füllt schnell Lücken und eignet sich prima als Bodendecker. Mit ihren zahlreichen Blüten ist sie auch ein schöner Sichtschutz. Du kannst sie an einem Gitter klettern oder sie über den Balkonkasten ranken lassen. Grundsätzlich ist die Kapuzinerkresse einjährig. In warmen Jahren hat die Pflanze aber schon auf meinem Balkon überwintert. Erntest du die Samen nicht, sät sie sich auch problemlos selbst aus.

Ernte Kapuzinerkresse ist nahezu komplett essbar und liefert bis zum ersten Frost kontinuierlich essbares Grün, das du einfach so naschen und für Salate, Pesto, Kräuterbutter und -quark verwenden kannst. Ab Juni sind in der Regel die ersten Blätter pflückbar. Im Laufe des Sommers gesellen sich Knospen und Blüten hinzu. Sie schmecken pfeffrig-scharf. Die grünen, unreifen Samenkörner können wie Kapern eingelegt werden.

Mein Tipp

Selbst gemachte Kräuterbutter mit Kapuzinerkresse ist optisch und aromatisch ein Highlight auf jeder Grillparty. Schneide je eine Handvoll Blätter und Blüten klein und rühre sie mit etwas Olivenöl unter 250 g weiche Butter. Mit Salz und schwarzem Pfeffer abschmecken und kalt stellen.

Borretsch

Borago officinalis

Das Raublattgewächs mit den borstig behaarten Blättern ist aufgrund seines Aromas auch als Gurkenkraut bekannt. Die blauen Blüten schmecken zuckersüß.

Aussaat Borretsch kannst du von März bis September in frischer Erde aussäen. Säe etwa 2 cm tief, im Abstand von mindestens 15 cm, oder vereinzele entsprechend. Die Samen keimen innerhalb von zwei Wochen.

Mischkultur Als Partner eignen sich andere essbare Blüten (siehe S. 60) sowie Gurke, Tomate und Zucchini. Als weniger günstig gelten Petersilie und Rucola.

Pflege Ein eher geschütztes Plätzchen in der Sonne oder im Halbschatten ist ideal, weil die bis zu 70 cm hohe Pflanze bei zu viel Wind umknicken kann. Bei frischer Erde ist Düngen nicht notwendig. Mehltau und Blattläuse können Probleme bereiten. Ansonsten ist die Pflanze pflegeleicht und sät sich leicht aus, wenn du es zulässt.

Ernte Die jungen Blätter kannst du ab Mai pflücken, unter anderem für Grüne Soße (siehe S. 46). Ab Juni zeigen sich die blauen, sternförmigen Blüten, die viel süßen Nektar enthalten. So wie viele Kräuter- und Heilpflanzen enthält Borretsch Alkaloide, die bei übermäßigem Verzehr leicht giftig sein können. Verwende deshalb nur gelegentlich und ausschließlich die Blüten und jungen Blätter.

Speise-Chrysantheme

Chrysanthemum coronarium/Glebionis coronaria

Mit ihren nektarreichen, gelben oder gelb-weißen Blüten ist die Speise-Chrysantheme eine Zier. Aber auch die Knospen und jungen Blätter sind essbar.

Aussaat Von April bis Juli aussäen, aber nicht bedecken: Die Speise-Chrysantheme ist ein Lichtkeimer. Die Samen gehen innerhalb von ein bis zwei Wochen auf. Auf 5 bis 10 cm ausdünnen. Mit vorgezogenen Jungpflanzen lassen sich bis zum Herbst prima Lücken füllen.

Pflege In frischer Erde gedeiht die genügsame Pflanze in der Sonne und im Halbschatten. Die Larven der Minierfliege fressen sich im Sommer gern durch das Laub – erkennbar an den feinen Linien, die sich hell vom Blattgrün abheben. Für eine Blatternte ab Herbst spät aussäen und bei Frost abdecken.

Ernte Ab Juni die jungen Blätter ernten, wenn sie etwa 10 cm hoch sind. Die essbaren Blüten öffnen sich ab Juli.

Mein Tipp

Schneide Verblühtes ab, das regt die Pflanze zur erneuten Blütenbildung an. Ansonsten steckt sie ihre Energie in die Samenproduktion.

Hornveilchen

Viola cornuta

Niedrig bleibender Dauerblüher, der sich auch als Bodendecker unter Obstbäumen eignet. Große Auswahl an Farben: Blau, Gelb, Violett oder mehrfarbig mit filigraner Zeichnung.

Aussaat und Pflanzung Direkt aussäen von März bis August oder ab Januar vorziehen. Maximal 0,5 cm tief säen. Kann bis Oktober gepflanzt werden. Abstand: 10 cm. Keimdauer: bis zu vier Wochen.

Pflege Sonniger bis halbschattiger Standort. Feucht halten, eher wenig düngen. Auf Mehltau achten. Empfindliche Sorten vor dem ersten Frost zurückschneiden und abdecken. Sät sich von selbst aus.

Ernte Hornveilchen blühen ausdauernd von März bis zum Spätherbst, wenn du Verblühtes regelmäßig entfernst.

Kornblume

Centaurea cyanus

Filigrane, unkomplizierte Sommerblume, die bis zu 80 cm hoch wird und ausdauernd blüht. Neben klassisch kornblumenblauen Sorten gibt es auch Varianten in Weiß, Rosa, Violett und dunklem Purpur.

Aussaat Von März bis Oktober breitwürfig 0,5 bis 1 cm tief aussäen. Aussaaten im Herbst überwintern für eine frühe Blüte im folgenden Jahr. Keimt binnen drei Wochen.

Pflege Die Kornblume liebt warme, sonnige bis halbschattige Standorte. Sie ist sehr anspruchslos und kommt kurzfristig auch mit Trockenheit zurecht. Steht sie zu eng, kann sie Mehltau bekommen. Auf Blattläuse achten. Sät sich leicht von selbst aus.

Ernte Kornblumen blühen vom Frühsommer bis zum ersten Frost. Nur die Blütenblätter verwenden.

Parakresse

Acmella oleracea

Bodendecker aus Südamerika, dessen Blätter und gelbe Knopfblüten das prickelnde Gefühl von Brausepulver auf der Zunge auslösen.

Aussaat und Pflanzung Draußen von Mitte Mai bis August in Töpfen aussäen oder ganzjährig drinnen vorziehen und ab Mitte Mai nach draußen setzen. Lichtkeimer. Keimdauer bei 20 °C: zwei Wochen. Pflanzabstand 20 cm.

Pflege Warmer, sonniger Standort. Gleichmäßig feucht halten, ab und zu düngen. Bei regelmäßigem Schnitt verzweigt sich die Pflanze gut. Bei Zimmertemperatur überwintern und normal weiterpflegen.

Ernte Etwa zwei bis drei Monate nach der Aussaat kannst du Blätter und junge Triebe ernten und für Salat und Kräuterquark verwenden. Die Blütezeit beginnt im Frühsommer.

Ringelblume

Calendula officinalis

Duftende Heilpflanze mit leuchtend gelben bis orangefarbenen Zungenblüten, die das helle oder dunkle Blütenkörbchen umrahmen. Eignet sich als Gründüngung (siehe S. 118) und gilt als ideale Mischkultur für Gemüse und Obst.

Aussaat Von März bis September etwa 1 bis 2 cm tief in frischer Erde ausgesät, keimen die Samen innerhalb von zwei Wochen. Auf 15 cm Abstand vereinzeln. Mit Jungpflanzen jeweils die Lücken füllen.

Pflege Warm und möglichst sonnig stellen. Bei zu viel Schatten und Nässe tendiert sie zu Mehltau. Junge Triebe sind anfällig für den Befall mit Blattläusen.

Ernte Ringelblumen blühen von Juni bis zum ersten Frost. Ich nutze nur die Zungenblüten, das Innere schmeckt eher bitter.

Blaubeere/Heidelbeere

Vaccinium spec.

Eine Blau- oder Heidelbeere in der Pflückbar ist ein Gewinn fürs ganze Jahr: Im Frühling trägt das Heidekrautgewächs kleine, meist weiße Glöckchenblüten, aus denen sich bis zum Sommer die herrlichen blau-violetten Beeren entwickeln. Das dunkelgrüne Laub verfärbt sich im Herbst rötlich, bevor es fällt. Die Blau- oder Heidelbeeren unterscheiden sich durch die Herkunft der Früchte: Amerikanische Heidelbeeren (*Vaccinium corymbosum*) sind größer und haben helles Fruchtfleisch. Heimische Heidel- oder Blaubeeren (*Vaccinium myrtillus*) sind klein und auch innen blau gefärbt.

Für den Balkon empfehlen sich kompakt bleibende Züchtungen wie die schlanke 'Brigitta Blue' sowie 'BerryBux®' und 'Jelly Bean®'. Die langsam wachsende 'Hortiblue Petite' trägt zweimal Früchte - einmal im Sommer und einmal im Herbst. Die Heidelbeere 'Blautropf®' trägt über Monate hinweg tropfenförmige Früchte. Mit einer Höhe von maximal 40 cm gehören die Waldheidelbeeren 'Sinnika' und 'Silvana' zu den niedrigsten Sorten und passen sogar in einen Balkonkasten.

Pflanzung Eine Heidelbeere kannst du das ganze Jahr hindurch pflanzen, durchaus etwas tiefer als im ursprünglichen Topf. Das neue Gefäß sollte für junge Sträucher mindestens 20 Liter fassen und unbedingt mit saurem Substrat wie torffreier Rhododendronerde gefüllt sein: Als Moorbeetpflanzen brauchen die Blaubeeren eine Erde mit einem niedrigen pH-Wert zwischen 3,5 und 5. In normaler Pflanzenerde wachsen sie nicht wirklich gut und tragen kaum Früchte.

Pflege Eine Blaubeere ist der perfekte Einstieg, wenn du noch nicht so viel Erfahrung mit Obstgehölzen hast. Sie ist nämlich äußerst genügsam und schnittverträglich. Grundsätzlich musst du im Frühling nur das Totholz und die Triebe, die nicht mehr tragen, bodentief entfernen. Das kann aber ein paar Jahre dauern. Du erkennst sie gut am alten Fruchtholz, das verkahlt ist.

Der Standort sollte hell, aber nicht heiß sein. Einige Sorten mögen keinen Wind. Gieße regelmäßig mit Regenwasser oder abgestandenem, kalkarmen Wasser, damit die Erde gleichmäßig feucht bleibt. Eine Bewässerungshilfe ist empfehlenswert. Im Frühjahr mit organischem Moorbeetpflanzen-Dünger versorgen. Als Mulchmaterial bieten sich Fichtennadeln vom Weihnachtsbaum, Sägespäne sowie Kaffeesatz an. Alternative: Cranberry oder Preiselbeere als Bodendecker pflanzen. Blaubeeren lassen sich über Ausläufer vermehren. Im Winter die Wurzeln vor Kälte schützen. Im Frühjahr die Erde auffrischen oder die Blaubeere umtopfen.

Ernte Die Blaubeere ist selbstfruchtend, braucht also keinen Partner. Eine weitere Sorte soll jedoch den Ertrag erhöhen. Die Beeren kannst du pflücken, wenn sie komplett durchgefärbt sind – je nach Sorte und Region von Mitte Juni bis in den Oktober hinein. Vor Vögeln schützen.

Mein Tipp

Die hübschen Glöckchenblüten der Blaubeeren sind eine tolle Bienenweide im Frühling.

Brombeere

Rubus sect. *Rubus*

Superlecker, aber ausladend und schmerzhaft-stachelig: Brombeeren galten lange Zeit nicht als ideales Balkonobst. Dabei ist das Rosengewächs an sich eine wunderschöne Pflanze mit seinen weißen oder rosafarbenen Blüten, die im Mai vor grünem Laub blühen. Und die süßen Beeren erst!
Zum Glück gibt es heute zahmere Züchtungen, die in einem großen Gefäß am Spalier gezogen werden können. Hübscher Nebeneffekt: Die schnell wachsende Kletterpflanze begrünt so flugs kahle Wände und Balkongeländer und eignet sich als Sichtschutz.
Die stachellose 'Navaho®' kommt als Säulenbrombeere sogar ohne Rankhilfe aus – trotz einer Höhe von bis zu 2 m. Kompakter bleiben 'Dima' und 'Coolaris® Patio Black' mit maximal 1 m Höhe sowie 'Lowberry® Little Black Prince®'. Letztere trägt bereits am einjährigen Holz. Auf dem Foto ganz rechts ist die stachellose Sorte 'Thornless' zu sehen. Kein Platz mehr auf dem Boden? Die 'Coolaris® Cascata® Black' hat überhängende Triebe und eignet sich damit auch für die Blumenampel.

Pflanzung Setze die Brombeere im späten Frühjahr in einen etwa 25 Liter fassenden Kübel oder eine große Obstkiste, die du mit lockerer Erde und organischem Dünger gefüllt hast, gern bis zu 5 cm tief. Einige Sorten bevorzugen auch leicht saures Substrat. Erkundige dich beim Kauf, welche Erde optimal ist. Ausladend wachsende Brombeeren benötigen ein Spalier oder eine Rankhilfe, die du am besten gleich beim Einpflanzen einsetzt.

Pflege Die Brombeere kommt zwar auch mit Halbschatten zurecht. Besser ist aber ein sonniger Platz, damit sie zahlreiche süße Früchte trägt. Ein regengeschützter Standort hilft, Mehltau, Grauschimmel und andere Pilzkrankheiten zu vermeiden, die in nassen Jahren auftreten können. Austrocknen darf die Erde nicht, da dies die Flachwurzler stresst und an-

fällig für Gallmilben machen kann. Gieße daher regelmäßig oder versorge die Brombeere (zusätzlich) über eine Bewässerungshilfe. Eine Mulchschicht ist ebenfalls empfehlenswert, um die Erde feucht zu halten. Im Frühjahr mit Dünger und Kompost versorgen oder in frische Erde umtopfen.
Meist tragen Brombeeren an Trieben, die im Vorjahr gewachsen sind. Ausnahme: spät tragende Herbstbrombeeren, die bereits am einjährigen Holz fruchten. Die abgeernteten Ruten kannst du nach der Ernte bodentief abschneiden. Da Brombeeren als frostempfindlich gelten, den Kübel bei entsprechenden Temperaturen gut gegen Kälte isolieren und die Oberfläche mit Laub abdecken.

Ernte Brombeeren sind selbstbefruchtend und in der Regel von Juli bis Oktober reif. Haben sich die Beeren komplett tiefschwarz verfärbt, lösen sie sich leicht ab und du kannst sie problemlos pflücken. Überreife Früchte sind sehr weich. Vorsichtig abnehmen, da der Saft stark färben kann.

Mein Tipp

Hast du schon mal Brombeer-Tee probiert? Junge Blätter lassen sich frisch oder getrocknet überbrühen. Fermentiert dienen sie als Schwarztee-Ersatz.

Erdbeere

Fragaria spec.

Selbst wenn sie nicht blühen oder Früchte tragen: Mit ihrem schmucken Blatt sind Erdbeeren eine Zierde für deine Pflückbar. Die Auswahl ist enorm - sowohl farblich als auch im Hinblick auf die Reifezeit.

Pflanzung Gartenerdbeeren werden als Jungpflanzen von Juli bis September gesetzt. Monatserdbeeren kannst du ab Februar bei 20 °C vorziehen (Lichtkeimer) und im April und Mai pflanzen. Abstand: 20 cm, je nach Sorte. Setze die Erdbeeren etwas höher in Pflanzenerde mit etwas organischem Langzeitdünger.

Erdbeeren wachsen im Balkonkasten, im Kübel oder in Blumenampeln. Viel Ernte auf wenig Raum verspricht ein Erdbeerturm oder Erdbeertopf.

Mischkultur Gute Partner sind Borretsch, Feldsalat, Himbeere, Petersilie, Pflücksalat, Radieschen, Ringelblume, Rucola, Schnittlauch und Spinat. Für Johannisbeer- und Stachelbeerstämmchen sind sie eine schöne Unterpflanzung. Mit Asia-Salaten würde ich sie nicht kombinieren.

Pflege Stehen die Rosengewächse sonnig und warm, reifen die Früchte nicht nur schnell, sondern werden auch süß. Gleichmäßig feucht halten und mit Stroh mulchen: So liegen die Früchte nicht auf feuchter Erde, wo sie faulen und schimmeln können.
Nach der Ernte bei Gartenerdbeeren äußere, alte Blätter und Ausläufer abschneiden, auch um den Pilzkrankheiten wie Mehltau vorzubeugen. Wichtig: Die inneren Blätter nicht verletzen, sonst geht die Pflanze ein. Nach dem Schnitt sowie bei Austrieb im Frühjahr düngen. Erdbeeren tragen etwa drei Jahre lang gut, danach durch Ableger ersetzen. Vor dem ersten Frost das Gefäß isolieren.

Ernte Die Erdbeersaison beginnt im Juni, wenn die Früchte voll gefärbt sind und sich leicht pflücken lassen. Bei Monatserdbeeren geht die Ernte bis in den Herbst hinein. Junge Blätter für Tee trocknen.

Die kleinen, süßen Monatserdbeeren (*Fragaria vesca* var. *hortensis*) fühlen sich auch im Halbschatten wohl.

Gartenerdbeeren (*Fragaria × ananassa*) gibt es nicht nur in Rot, sondern auch in Weiß.

Gartenerdbeeren eignen sich gut für die Kultur im Kübel.

Himbeere

Rubus idaeus

Frisch geerntete Himbeeren sind eine Delikatesse in der Pflückbar. Die Blüten der Rosengewächse sind recht unscheinbar. Dafür heben sich die reifen Früchte gut vom grünen Laub ab. Neben den klassischen himbeerroten Sorten gibt es auch orangefarbene Varianten wie die 'Summer Lovers® Patio Gold' und 'Primeberry® Autumn Amber®' sowie Kreuzungen mit brombeerfarbigen Früchten. Himbeeren werden in sommertragend und herbsttragend unterschieden. Sommerhimbeeren wie 'Ruby Beauty®' bilden Früchte an Ruten aus dem Vorjahr. Herbsthimbeeren wie 'Primeberry® Autumn First®' fruchten schon am einjährigen Holz. Sie gelten als weniger anfällig für den Himbeerkäfer. Einige Sorten wie 'Bella Aromatica®' und 'Twotimer® Sugana®' haben das Potenzial, zweimal Früchte an derselben Rute zu tragen – einmal im Herbst und einmal im darauffolgenden Sommer.

Pflanzung Das Frühjahr ist als Pflanzzeit ideal, am besten in eine Kiste oder einen breiten Kübel, der mindestens 25 Liter fasst. Himbeeren mögen keine Staunässe. Arbeite also etwas Sand oder Ziegelsplitt in das Substrat ein, damit es locker und durchlässig wird. Einige Sorten bevorzugen leicht saure Erde.

Pflege Je sonniger Himbeeren wachsen, desto früher und mehr Früchte kannst du ernten. Schatten verträgt die Pflanze weniger und macht sie anfällig für Blattläuse sowie Pilz- und Viruskrankheiten. Auch Hitze und Trockenheit ist nichts für sie. Halte daher die Erde gleichmäßig feucht und bedecke die empfindlichen flachen Wurzeln mit einer Mulchschicht. Eine Bewässerungshilfe erleichtert die Pflege ebenso. Im Laufe der Saison kannst du die Himbeere mehrmals düngen: einmal im Frühjahr vor dem Austrieb mit festem Langzeitdünger sowie

nach Bedarf mit Flüssigdünger oder Wurmkompost bis Ende August. Kaffeesatz wird gern genommen. Stütze ausladend wachsende Sorten mit Bambusstäben oder ziehe sie am Spalier. Für den Schnitt gilt – wie bei den Brombeeren – die einfache Regel: Nach der Ernte werden die Ruten bodentief entfernt. Ausnahme: Bei zweimal tragenden Sorten kannst du die Triebe den Winter über stehen lassen und nach der zweiten Ernte im Sommer schneiden. Himbeeren sind recht frosthart. Den Kübel in eiskalten Zeiten zu isolieren, ist dennoch eine gute Idee. Im Frühjahr die Erde mit Langzeitdünger und Kompost auffrischen oder die Himbeere umtopfen.

Ernte Himbeeren sind selbstbefruchtend und brauchen nicht unbedingt einen Partner. Wann sie Früchte tragen, kommt auf die Sorte an. Sommerhimbeeren kannst du ab Juni ernten. Herbsthimbeeren sind ab August reif. Zweimal tragende Himbeeren bilden ab Oktober und im folgenden Juni Früchte. Reife Beeren sind komplett durchgefärbt und lassen sich leicht lösen.

Mein Tipp

Einige Wildbienen nisten in den markhaltigen Himbeer- und Brombeerstängeln. Stecke abgeschnittene Ruten in die Erde oder binde sie leicht schräg ans Balkongitter.

Johannisbeere

Ribes rubrum

Johannisbeeren sind ausladend wachsende Balkongewächse. Selbst kompakte Sorten werden mindestens 60 cm breit. Für wenig Platz empfiehlt sich ein Stämmchen – das kannst du dann sogar noch mit Erdbeeren und Veilchen unterpflanzen.
Rote Beeren tragen die Sorten 'Lisette®', 'Rolan' und 'Rovada'. Für Weiße Johannisbeeren in der Pflückbar eignen sich 'Blanka', 'Weiße Versailler' und 'Werdavia'.

Pflanzung Setze die Johannisbeere im Frühling in eine Kiste oder einen Kübel mit mindestens 25 Liter Volumen. Johannisbeeren wurzeln flach und eher breit. Pflanze die Sträucher ein paar Zentimeter tiefer: Aus den schlafenden Augen entwickeln sich die neuen Triebe. Als Erde kannst du normale Pflanzenerde verwenden. Gib ihnen bei der Pflanzung eine Portion Langzeitdünger mit, dann haben sie einen guten Start. Auch Kaffeesatz kannst du nutzen, denn Johannisbeeren mögen eine leicht saure Erde.

Pflege Johannisbeeren bevorzugen einen sonnigen Standort, vertragen aber auch Halbschatten. Da sie bereits ab April blühen, ist ein geschützter Standort ratsam, falls es noch mal Frost geben sollte. Die Flachwurzler reagieren empfindlich auf Trockenheit: Sie werfen Blüten und Beeren ab. Gieße sie daher regelmäßig, setze eine Bewässerungshilfe ein und mulche. Sobald sich die Blüten bilden, kannst du die erste Portion Dünger geben – und danach bis zur Ernte und bei Bedarf etwa alle sechs bis acht Wochen. Die kompakten Sträucher benötigen in der Regel keine Stütze. Bei den Hochstämmchen ist es sinnvoll, die Krone zu stützen. Winterschutz ist bei Frost empfehlenswert. Frische die Erde im Frühjahr auf oder topfe die Pflanze um.
Johannisbeeren tragen am besten an Seitentrieben, die zwei bis drei Jahre alt sind. Nach der Ernte kannst du diese auf 1 bis 1,5 cm Länge zurückschneiden, wenn sie zu lang sind. Alle Haupttriebe, die älter als vier Jahre sind, werden komplett entfernt und durch neue

ersetzt. Ganz grundsätzlich: schneide Triebe, die nach innen wachsen, herabhängen, sich kreuzen, zu eng stehen oder einfach zu viel sind, ab. Für den richtigen Zeitpunkt gibt es verschiedene Empfehlungen. Am leichtesten ist es, die Johannisbeere vor dem Austrieb im Februar und März zu schneiden, dann trägt sie kein Laub. Einige schneiden sie bereits direkt nach der Ernte.

Ernte Wie der Name schon andeutet, reifen die ersten Sorten meist um den Johannistag – also ab der zweiten Junihälfte. Spätere Sorten kannst du ab August ernten. Pflücke die Trauben als Ganzes, sobald die Früchte komplett durchgefärbt sind. Die Gehölze sind in der Regel selbstbefruchtend. Eine weitere Sorte steigert erfahrungsgemäß den Ertrag.

Schwarze Johannisbeeren

Die Schwarze Johannisbeere ist auch als Cassis bekannt. Sie ist selbstbefruchtend, kann aber nur wenig tragen, wenn keine weitere Pflanze zur Befruchtung in der Nähe ist. Die Früchte sind Geschmacksache: Sie sind ziemlich herb, selbst wenn sie in der Sonne reifen. Die meisten Sorten tragen ab Juni an ein- und zweijährigen Trieben. Empfehlenswert sind kompakte Sorten wie 'Lowberry® Little Black Sugar' und 'Cassissima® Nimue®'.

Stachelbeere

Ribes uva-crispa

Als Kind mochte ich Stachelbeeren nicht leiden. Zu sauer waren die kugelrunden grünen Früchte, die ich in meiner Ungeduld viel zu früh und daher unreif gepflückt habe – und dann ritscht man sich noch dauernd! Auch heute fällt es mir schwer, den richtigen Erntezeitpunkt abzuwarten: Ich bin einfach zu ungeduldig! Denn bei Sorten mit roten oder gelben Beeren ist die Reife leicht zu erkennen. Immerhin ist die Ernte bei einigen Sorten weitestgehend ohne Verletzungen möglich: Es gibt Züchtungen mit wenigen oder sogar ohne Dornen.

Für einen Stachelbeerstrauch auf dem Balkon musst du dennoch einiges an Platz einplanen, da selbst kompakte Züchtungen mindestens 60 cm breit werden. Stämmchen sind daher eine Alternative. Sie kannst du mit Erdbeeren und essbaren Ringelblumen unterpflanzen. Empfehlenswert sind unter anderem die gelbgrüne 'Invicta®' sowie die rotbeerigen 'Captivator' und 'Redeva®', auch 'Rote Eva®' genannt. Die Stachelbeere 'Hinnonmäki' gibt es mit roten, gelben oder grünen Früchten.

Pflanzung Die ideale Pflanzzeit für Stachelbeeren ist das Frühjahr. Setze sie genauso tief, wie sie zuvor im Topf stand. Empfehlenswert für Sträucher ist ein breites Gefäß, das mindestens 25 Liter Erde fasst – z. B. eine Weinkiste: Stachelbeeren haben breite flache Wurzeln. Für den Start kannst du eine zusätzliche Portion organischen Langzeitdünger in die Erde mischen.

Pflege Stachelbeeren stehen am liebsten an einem sonnigen Standort. Moderne Züchtungen gelten inzwischen als weitestgehend resistent gegen Mehltau und andere Blattkrankheiten. Ein luftiges Plätzchen kann dennoch nicht schaden. Zum Austrieb wird das Gehölz mit organischem Beerendünger versorgt. Da-

nach kannst du, wenn nötig, alle sechs Wochen nachdüngen. Eine Stütze ist in der Regel nur beim Stämmchen nötig. Gieße regelmäßig; auf Trockenheit reagieren die Flachwurzler empfindlich. Eine Mulchschicht und eine Bewässerungshilfe sind daher unbedingt empfehlenswert. Im Winter ist es ratsam, den Kübel bei Frost zusätzlich zu isolieren. Im Frühjahr das Substrat mit Kompost und Langzeitdünger auffrischen oder die Stachelbeere in frische Erde umtopfen.
Stachelbeeren reifen in der Regel an Seitentrieben, die zwei bis drei Jahre alt sind. Haupttriebe, die älter als vier Jahre alt sind, werden entfernt und durch junge Triebe ersetzt: So verjüngst du den Strauch. Außerdem gilt wie bei der Johannisbeere: Entferne Triebe, die zu lang, alt oder schwach sind, nach innen wachsen, herabhängen, sich kreuzen, zu eng stehen oder einfach zu viel sind. Für den Schnitt wird die Zeit vor dem Austrieb empfohlen, also im Februar und März.

Ernte Stachelbeeren brauchen nicht unbedingt eine weitere Sorte in der Nähe, sie sind Selbstbefruchter. Im Juli ist bei den meisten Sorten Haupterntezeit. Pflücke nur reife Früchte, die ausgewachsen sind und sich komplett verfärbt haben. Erst dann schmecken sie nicht nur sauer, sondern auch süß.

Mein Tipp

Stachelbeeren, aber auch alle anderen heimischen Obststräucher und -bäume, sind wertvolle Nahrungsquellen für Insekten im Frühjahr.

Vegane Nicecreme

Einfach lecker

Do!

Keine Früchte da? Auch Schokostücke, Zimt, Kakao- oder Matchapulver kannst du mit den gefrorenen Bananen mixen. Mein Favorit: Nussmus und geröstete Nussstückchen.

Das brauchst du:

Zwei sehr reife Bananen

100 g frisches Obst oder Gemüse

Etwas Mandel- oder Sojadrink

Zum Dekorieren: Früchte, Kräuter, essbare Blüten, Samen, Nüsse – geröstet und gehackt

5 **Außerdem:** leistungsfähiger Standmixer oder Küchenmaschine

So wird's gemacht:

Schritt 1: Bananen schälen und in 0,5 bis 1 cm dicke Scheiben schneiden. Im Tiefkühlfach etwa 6 Stunden durchfrieren lassen.

Schritt 2: Frisches Obst sorgfältig verlesen und waschen.

Schritt 3: Die tiefgefrorenen Bananen mit etwas Pflanzendrink in den Standmixer geben und pürieren. Vorsicht: Die sind ganz schön hart! Falls der Mixer nicht so viel Power hat, die Bananen vorher etwas antauen lassen.

Schritt 4: Das Obst hinzugeben und die Masse cremig rühren.

Schritt 5: Die fertige Nicecreme portionieren und dekorieren. Sofort servieren.

Geschmacksrichtungen: Andenbeere, Basilikum, Blaubeere, Brombeere, Erdbeere, Himbeere, Johannisbeere, Kirsche, Kiwi, Minze, Pflaume, Spinat, Stachelbeere – auch gern einmal als Mix ausprobieren!

Aprikose

Prunus armeniaca

Mit ihren zarten weißen bis rosafarbenen Blüten sorgen Aprikosen schon im März für Frühlingsstimmung in deiner Pflückbar. Die wärmeliebenden Rosengewächse gibt es als Bäumchen (Zwergaprikosen wie 'Fruit Me® Apricot' und 'Little Lena') und Säulenobst (Säulenaprikosen wie 'Armi-Col®' und 'Somo'). Sie werden mindestens 60 cm breit. Wähle selbstbefruchtende Sorten.

Pflanzung Im Frühling in einen mindestens 30 Liter fassenden Kübel mit lockerer Pflanzenerde und Langzeitdünger setzen.

Pflege Vollsonnig-warm, geschützt vor Regen und vor allem vor Frost: Aprikosen sind Top-Kandidaten für den Südbalkon. Im Frühling und Spätsommer düngen. Eine Bewässerungshilfe einsetzen, damit die Erde nicht austrocknet. Nach der Ernte wie Kirschen schneiden (siehe S. 112). Auf Blattläuse und die Kräuselkrankheit achten. Unbedingt mulchen und die Schicht auch nach dem Winter eine Zeit lang liegen lassen, damit sich die Erde möglichst spät erwärmt: Je kühler das Substrat, desto später die Blüte und desto weniger Frostschäden, so die Theorie. Die Erde im Frühjahr auffrischen oder umtopfen.

Ernte Die meist orangefarbenen Früchte reifen ab Juli. Sie sind pflückbar, wenn sie bei Druck leicht nachgeben.

Mein Tipp

Schütze blühende Obstbäume mit Vlies oder Jute im Frühjahr vor Spätfrost, damit die Blüten nicht erfrieren.

Mirabelle, Pflaume, Zwetschge

Prunus domestica

Bislang ist die Auswahl für den Balkon noch eher klein – und wenn, dann musst du dort trotz der schmalen Säulenform mit mindestens 80 cm Breite rechnen. Pflaumen und Zwetschgen (*Prunus domestica*) sind blau-violett. Mirabellen (*Prunus domestica* subsp. *syriaca*) tragen gelbe Früchte. Erhältlich sind unter anderem die Säulenpflaumen 'Imperial' und 'Fruttini® Skyscraper', die Säulenzwetschge 'Liane' sowie die Säulenmirabelle 'Ruby'. Achte beim Kauf auf selbstbefruchtende Gehölze und erkundige dich nach den sortenspezifischen Besonderheiten.

Pflanzung Im Frühjahr pflanzen. Der Kübel sollte mindestens 30 Liter fassen. Erde mit Langzeitdünger mischen.

Pflege Möglichst sonniger Standort und geschützt vor Wind und Kälte, damit insbesondere die empfindlichen Mirabellenblüten nicht erfrieren. Mit einer zusätzlichen Gießhilfe die Erde feucht halten, mulchen und vom Austrieb bis zur Ernte düngen. Auf Blattläuse achten. Seitentriebe wie bei der Kirsche beschrieben schneiden (siehe S. 112). Ausreichend gegen Kälte schützen. Alle zwei Jahre umtopfen. Das Substrat jährlich im Frühjahr auffrischen.

Ernte Je nach Sorte reifen Zwetschgen, Pflaumen und Mirabellen ab August. Pflücke sie, wenn die Schale bei Druck leicht nachgibt. Pflücke die Früchte, wenn sie sich entsprechend gefärbt haben und die Schale bei Druck leicht nachgibt.

Kirsche

Prunus avium/Prunus cerasus

Kirschen für den Balkongarten gibt es noch nicht allzu lange. So ein Baum kann schließlich einige Meter hoch werden. Im Handel sind Zwergbäumchen und Säulenformen erhältlich. Bei Letzeren wachsen die Früchte an kurzen Trieben nah am Stamm - das sieht ungewöhnlich aus, kann sich aber bei guter Pflege mit einer Breite um 80 cm als platzsparend erweisen. Für deine Pflückbar kannst du zwischen Süß- und Sauerkirschen wählen. Achte darauf, dass die Sorten möglichst selbstbefruchtend sind, wenn keine weiteren in der Nähe stehen.

Empfehlenswerte Süßkirschen (*Prunus avium*) sind 'Garden Bing®', 'Sylvia®' und 'Victoria'. Bei den Sauerkirschen (*Prunus cerasus*) gilt 'Jachim' als geeignete Säulenform für die Topfkultur. Falls du die süßen Kirschen doch lieber von einem Bäumchen pflücken möchtest: Die Sorten 'Sylvia' und 'Stella Compact®' sollen bei einem regelmäßigen Schnitt auch im Kübel gedeihen.

Pflanzung Setze die Kirsche im Frühjahr in einen Kübel, der mindestens 30 Liter fasst. Setze den Baum so tief, wie er zuvor stand, in mit Langzeitdünger versetzte Erde.

Pflege Je sonniger und wärmer dein Kirschbaum steht, desto besser. Das Steinobst trägt zwar auch im Halbschatten. Die Früchte reifen dann nur später und es fehlt ihnen an Süße. Ein exponierter Standort ist problematisch - nicht nur, weil sich der Wind in den belaubten Zweigen verfangen und den Kübel umreißen kann. In eiskalten Frühlingsnächten können auch die zarten Blüten erfrieren. Stelle das Rosengewächs daher eher in eine geschützte Ecke. Im Winter muss der Kübel gut gegen Kälte isoliert werden. Die Erde im Frühjahr mit Kompost und Langzeitdünger auffrischen oder die Pflanze umtopfen.

Süßkirschen sind empfindlicher als Sauerkirschen. Halte sie gut feucht und mulche, insbesondere sobald sie Früchte angesetzt haben. Eine Gießhilfe ist empfehlenswert. Gedüngt wird das Gehölz mit Flüssigdünger oder Wurmkompost in der Zeit vom Austrieb im Frühjahr bis Herbstbeginn. Probleme können Blattläuse, Kirschfruchtfliegen und der Monilia-Pilz machen, der die Blattspitzen befällt und welken lässt. Vögel picken gern die reifen Kirschen an.
Säulenbäume müssen geschnitten werden, damit sie in Form bleiben. Kürze die fruchttragenden Seitentriebe, bevor sie im Frühjahr austreiben, auf 15 bis 20 cm Länge und bei Bedarf ein weiteres Mal im Juni. Kappe den Trieb, wenn die Kirsche zu hoch wird. Bei Zwergbäumchen gilt es regelmäßig zu lichten: Entferne alle Zweige, die nach innen wachsen, sich kreuzen oder herabhängen. Um sie zu kürzen, setze den Schnitt 0,5 cm über einer Knospe an, die nach außen zeigt.

Ernte Frühe Kirschen tragen bereits ab Juni erste Früchte. Die Haupterntezeit ist Juli und August. Pflücke die vollroten Früchte immer mitsamt dem Stiel.

Mein Tipp

Blühwunder: Die Kirsche eignet sich für Barbarazweige, die an Weihnachten ihre weißen oder rosafarbenen Blüten zeigen. Schneide sie am 4. Dezember und lasse sie drinnen in einer Vase aufblühen.

Feige

Ficus carica

Feigen bringen mit ihren gelappten Blättern mediterranes Flair in die Pflückbar. Kein Wunder also, dass das Maulbeergewächs eine wachsende Fangemeinde hat. Die Auswahl an Sorten ist groß. Mache die Anschaffung aber nicht nur von der Farbe oder Größe der Früchte abhängig: Nicht jede Feige ist für den Anbau im Kübel geeignet oder ausreichend winterhart. Informiere dich vorab genau über die Vorlieben des potenziellen Mitbewohners. Grundsätzlich eignen könnten sich die gelbgrüne 'Dalamtie', die blau-violette 'Pastiellière' oder die rotbraune 'Brown Turkey'. Mit einer Wuchshöhe von 1,50 Meter bleibt die Zwerg-Feige 'Little Miss Figgy®' von Natur aus relativ niedrig und kompakt.

Pflanzung Pflanze das frostempfindliche Gehölz im Frühling, wenn keine eiskalten Nächte mehr zu erwarten sind. Der Kübel oder die Kiste sollte je nach Sorte mindestens 30 Liter durchlässige Erde fassen. Mische Kompost und Langzeitdünger unter das Substrat für einen guten Start.

Pflege Feigen sind pflegeleicht, aber empfindlich. Sie stammen ursprünglich aus dem Mittelmeerraum und brauchen daher einen warmen und vollsonnigen Standort. Ideal ist ein Platz an der Hauswand, wo sie besser vor Frost und kaltem Wind geschützt sind. Da sie über ihre großen Blätter viel Feuchtigkeit verdunsten, musst du sie insbesondere im Sommer viel gießen. Eine Gießhilfe und eine Mulchschicht sind ratsam, um die Erde gleichmäßig feucht zu halten. Auch gedüngt werden muss die Feige regelmäßig, von Frühling bis Ende August. Topfe die Pflanze spätestens alle zwei Jahre vor dem Austrieb im Frühjahr um oder tausche zumindest die Erde im Kübel aus. Diese Zeit ist auch perfekt, um Höhe und Breite durch einen Schnitt zu begrenzen. Achte darauf, dass die Krone gleichmäßig und nicht zu dicht wächst: Lichte aus, was Fruchtbildung und Reife beeinflussen kann – also Zweige,

die sich beispielsweise überkreuzen oder die nach unten wachsen.
Feigen sind unterschiedlich frosthart. Erkundige dich vorab, inwiefern das Bäumchen draußen stehen bleiben kann, sobald es kalt wird. Eine Frosthärte von mindestens –15 °C ist empfehlenswert. Ansonsten muss die Feige frostfrei bei maximal 10 °C Zimmertemperatur überwintern. Für Draußenbleiber ist ein sehr guter Winterschutz notwendig, um die empfindlichen Wurzeln im Kübel zu schützen. Isoliere auch Stamm und Zweige mit Wollvlies oder Sackleinen, damit die Feige an frostigen Tagen keinen Schaden nimmt.

Ernte Die Feigen im Handel sind in der Regel Selbstbefruchter. Wann die Früchte reif sind, kommt auf die Sorte an. Die meisten Feigen reifen ab August, manche tragen auch zweimal: einmal im Sommer und einmal im Herbst. Ob du eine Feige pflücken kannst, erkennst du an ihrer Farbe und Festigkeit: Wenn die Schale auf Druck nachgibt, kannst du sie ernten.

Checkliste

Feigensorten gibt es viele, aber nicht jede ist für den Anbau auf dem Balkon geeignet. Diese Kriterien helfen dir bei der Entscheidung:

- für Kübelkultur geeignet
- Überwinterung draußen oder drinnen
- Wuchsgeschwindigkeit
- Fruchtgröße und -farbe
- Ernte im Herbst und/oder Sommer

Ab Herbst genießen

Knackig und zart

Die Saison verlängern

Ab September zeigt sich deine Pflückbar mit leuchtenden Herbstfarben von der spektakulären Seite. Die Temperaturen sind jetzt so mild, dass du nicht nur ernten, sondern auch noch einmal pflanzen kannst.

Winterernte

Der Herbstbalkon ist pflegeleicht. Die Pflanzen müssen nicht mehr täglich gegossen und nicht mehr gedüngt werden. Blattlaus & Co haben sich verzogen. Allein auf Pilzkrankheiten gilt es bei zu viel Feuchtigkeit ein Auge zu haben (siehe S. 24). Insgesamt wird es also etwas ruhiger. Auch die Pflanzen entwickeln sich langsamer, je kühler und dunkler es wird. Manche stellen ab bestimmten Temperaturen das Wachstum sogar ein. Je nach Region kannst du aber in geschützter Umgebung durchaus bis Oktober aussäen. Ist es zu kalt, überdauern die Samen oft in der Erde und gehen zum kommenden Frühjahr auf – wenn sie nicht zu nass werden oder hungrige Piepmätze sie aufstöbern.

Mein Tipp

Gefrorene Blätter reagieren sehr empfindlich auf Berührung. Ernte nur an sonnigen Tagen, wenn die Blätter komplett aufgetaut sind.

Winterschlaf

Hast du keine Lust auf eine Ernte in der kalten Jahreszeit, kannst du Phacelia und Inkarnatklee als Gründüngung in die abgeernteten Kisten, Kästen und Kübel säen. Sie sterben bei Frost ab und legen sich schützend auf die Erde. Ein großer Herbstputz ist nicht nötig. Abgestorbene Blätter und Stängel bieten Insekten Unterschlupf und sehen hübsch bizarr aus, wenn sie von Eis überzogen in der Wintersonne glitzern.

Winterschutz

Fallen die Temperaturen, ist es Zeit, die Pflückbar winterfest zu machen. Kälteempfindliche Gewächse müssen vor dem ersten Frost nach drinnen umziehen, wo sie bei 5 bis 10 °C auf den Frühling warten. Winterharte Pflanzen können in der Regel draußen bleiben, brauchen bei Frost aber zusätzlichen Schutz: Stelle die Gefäße ohne Untersetzer auf ein Holzbrett in eine geschützte Ecke an der Hauswand. Schlage sie gut mit Wollvlies ein oder stecke sie in einen Jutesack mit Laub. Empfindliches Grün wird mit einem leichten Wollvlies oder Tannenzweigen abgedeckt. Wird es bitterkalt, nach drinnen holen. Wichtig: den Winterschutz bei Plusgraden lüften oder komplett entfernen. Die Pflanzen an frostfreien Tagen ab und zu etwas gießen, damit sie nicht vertrocknen.

Mit seinen bunten Stängeln ist Mangold ein Hingucker auf dem winterlichen Balkon.

Das ist jetzt zu tun: ab September

Aussäen/Pflanzen	**Direkt:** · Asia-Salate, Erdbeere, Feldsalat, Gartenkresse, Gründüngung, Hirschhornwegerich, Pflücksalate, Radieschen, Spinat, Rauke, Speise-Chrysantheme, Winterpostelein, Zuckererbse **Drinnen:** · Keim- und Grünsprossen, Schnittlauch, Minze
Arbeiten	· gießen (an frostfreien Tagen) · jäten, Erde lockern · mulchen · Krankheitskontrolle · Tomaten pflücken und nachreifen lassen · Winterschnitt bei Obst · Balkonmöbel verstauen · frostempfindliche Pflanzen ins Haus holen · winterharte Pflanzen bei Frost schützen · Bewässerungshilfen entfernen, Gießkanne leeren · Herbstsonne genießen · das Jahr Revue passieren lassen – und für die nächste Saison planen
Pflücken	· Andenbeere, Apfel, Asia-Salate, Blaubeere, Feldsalat, Feige, Gartenkresse, Himbeere, Hirschhornwegerich, Kapuzinerkresse, Karotte, Paprika, Petersilie, Pflaume, Pflücksalate, Radieschen, Rauke, Sauerampfer, Schnittlauch, Weintraube, Winterpostelein, Zuckererbse

Gesundes Obst

Du kennst sicherlich die Redensart „An Apple a day keeps the doctor away". Mit dieser Mischkultur kannst du dich bei deinem Apfelbaum revanchieren und ihn bei seinem Gesundbleiben unterstützen.

Schützende Partner

Knoblauch und Schnittlauch sagt man nach, dass sie das Risiko von Apfelschorf verringern. Kapuzinerkresse wiederum soll unter anderem Insekten wie Blattläuse und Apfelflöhe fernhalten, die an den Blättern saugen. Außerdem bedeckt die krautige Pflanze mit ihren großen Blättern die Erde und schützt sie so vor dem Austrocknen. Nach dem ersten Frost kannst du die abgestorbenen Blätter als natürlichen Winterschutz liegen lassen.

Kapuzinerkresse ist ein pflegeleichter, lang blühender Bodendecker.

Ringsherum gepflanzt

Unter dem grünen Laubdach findet das Trio ein angenehm schattiges Plätzchen. Im Frühjahr wird es rings um den Stamm gepflanzt. Kapuzinerkresse kannst du direkt aussäen. Den Schnittlauch setzt du am besten als Jungpflanze. Dazwischen werden jeweils drei Knoblauchzehen gesteckt, etwa 4 cm tief und immer mit der Spitze nach oben.

Schmückende Partner

Du willst lieber mehr Blumen auf dem Balkon? Dann kannst du unter den Apfelbaum einjährige (essbare) Blumen pflanzen, die nicht tief wurzeln – z. B. Cosmea, Kornblume, Klatschmohn, Phacelia, Ringelblume und Hornveilchen. Mit ihrem Angebot an Nektar und Pollen ergänzen sie perfekt das Angebot der Apfelblüten im Frühjahr.

Obst plus X

Nicht nur Apfel, auch andere Obstgehölze kannst du mit Blumen, Kräutern oder Erdbeeren unterpflanzen. Achte aber darauf, dass das Gefäß Platz genug für alle bietet, die Untermieter im Sommer genügend Licht bekommen und alle ausreichend mit Wasser und Nährstoffen versorgt sind. Schlanke Beerenstämmchen und schmales Beerenobst sind ideale Formen.

Gartenglück: Eigene Äpfel direkt vom Baum ernten.

Frühblüher wie Schneeglöckchen, Krokus und Traubenhyazinthe locken ab Februar die ersten summenden Gäste in deine Pflückbar. Die Speicherknollen und Zwiebeln werden im Herbst gesteckt. Das Laub nach der Blüte bis Mai stehen lassen.

Apfelfreunde

Kiste oder Kübel:
Volumen mindestens 30 Liter

mittig:
1 x Apfelbaum

links:
1 x Kapuzinerkresse

rechts:
3 x Schnittlauch oder
1 x Schnittlauch und 6 x Knoblauch

Abstand:
zum Rand 2 cm

Herbst- und Winterschmaus

Feldsalat ist ein pflegeleichtes Gewächs, das sich mit nahezu allen gut verträgt. In dieser Kiste bekommt er daher unterschiedliche Mitbewohner. Unser Vorteil: Wir können durchgehend etwas ernten.

Enge Gemeinschaft

Ab Spätsommer kann die erste WG-Besetzung in die Gemüsekiste (60 x 40 cm) einziehen. Den Feldsalat kannst du als Jungpflanze setzen oder wie Radieschen und Kresse direkt aussäen. Der Reihenabstand beträgt 10 bis 15 cm. Innerhalb der Reihe säe ich Radieschen und Kresse recht eng, weil sie nach und nach ausgedünnt werden. So kann ich schon in den ersten vier Wochen etwas ernten.

Feldsalat gedeiht nicht nur im Beet, sondern auch problemlos im Balkonkasten.

Auszug und Einzug

Hat sich die Radieschen-Reihe gelichtet, kannst du eine weitere Reihe Feldsalat setzen oder Erbsen einsäen, die als Grünsprossen geerntet werden. Da Kresse nicht frosthart ist, wird auch sie ausgetauscht – entweder durch vorgezogenen Feldsalat oder Winterpostelein, der auch bei niedrigen Temperaturen ohne weiteres keimt. Alternativ kann er den Platz in der ersten Reihe übernehmen, wenn du nicht noch mehr Feldsalat pflanzen willst. Tipp: Pflanze die Jungpflanzen versetzt, um den Platz optimal zu nutzen.

Ein Platz an der Sonne

Je kürzer und kühler die Tage werden, desto langsamer wachsen die Pflanzen. Daher braucht die Gemüsekiste einen möglichst sonnigen Standort. Ich platziere sie an der Hauswand. Im Spätherbst kann es passieren, dass Samen nicht mehr aufgehen oder Pflanzen das Wachstum einstellen. Lass die Kiste einfach stehen: Auf einem geschützten Balkon überwintert das Gemüse und beschert im neuen Jahr eine frühe Ernte.

Frische Kresse und Radieschen peppen jede Brotzeit auf.

Wintergemüse ist pflegeleicht, darf aber nicht vertrocknen. Gieße es daher ab und zu – allerdings nur minimal und nur an frostfreien Tagen.

Grüne Winterkiste

Kiste:
60 x 40 cm

vordere Reihe:
6 x Feldsalat

mittlere Reihe:
25 x Radieschen

hintere Reihe:
25 x Kresse

Abstand zum Rand:
jeweils 5 cm; Abstand zwischen den Reihen 10 bis 15 cm

Apfel

Malus domestica

Du hast schon immer von einem eigenen Apfelbaum geträumt? Kein Problem: Der Zwergapfel 'Gullivers®' wird gerade mal 1 Meter hoch. Mit 1,50 Meter Höhe sind die Mini-Apfelbäumchen Maloni® 'Billy®', 'Sally®' und 'Lilly®' etwas größer. Sie tragen jeweils säuerliche bis süße Früchte. Der Zwergobst-Apfel 'Croquella®' wird bis zu 1,80 Meter hoch. Säulenäpfel sind von Natur aus schlank oder vom Züchter veredelt. Zu den schmalsten Züchtungen mit einer Breite von 40 cm gehören Sorten wie z. B. 'Goldcats' und Malini® 'Gracilis®'. Wichtig: Äpfel sind nicht selbstbefruchtend. Sie brauchen also unbedingt eine weitere Sorte in der Nähe, damit sie tragen. Bei einigen werden bestimmte Befruchtersorten empfohlen. Frage vor dem Kauf nach, welche Vorliebe dein Wunschkandidat hat.

Pflanzung Pflanze den Apfelbaum im Frühjahr in einen Kübel, der mindestens 30 Liter Erde fasst. Erkundige dich, wie tief der Apfel gesetzt werden kann: Bei veredelten Sorten muss die Veredelung einige Zentimeter über der Erde bleiben. Als Substrat reicht normale, durchlässige Pflanzenerde, die mit Bio-Langzeitdünger versetzt ist.

Pflege Damit die Früchte bis zum Herbst voll ausreifen, gilt grundsätzlich ein sonniger, aber nicht allzu heißer Standort als ideal. Einige Sorten kommen auch mit Halbschatten zurecht. Je nach Region ist ein wind- und frostgeschützter Platz empfehlenswert. Gleichmäßig feucht halten, mulchen oder Kräuter und Blumen dazusetzen (siehe S. 120). Gedüngt wird vom Austrieb im Frühjahr bis zur Ernte im Herbst – am besten mit Wurmkompost oder Flüssigdünger, wenn der Langzeitdünger verbraucht ist. Entferne im Frühsommer einige Früchte, wenn der Baum zu reichlich trägt. Ansonsten kann es sein, dass

nicht alle Äpfel ausreifen und der Baum im kommenden Jahr eher wenig trägt. Auf Blattläuse sowie Schorf, Mehltau und andere Pilzkrankheiten achten und das Laub mit Brühen stärken. Vor dem ersten Frost den Kübel winterfest machen. Im Frühjahr das Substrat mit Langzeitdünger und Kompost auffrischen oder umtopfen.
Der Schnitt erfolgt in der Regel im Winter an einem sonnigen, frostfreien Tag, spätestens bis Ende Februar. Lichte beim Bäumchen die Krone aus, damit die Früchte Sonne bekommen. Wildtriebe aus Stamm und Erde ebenso schneiden wie Zweige, die sich überkreuzen, zu eng stehen oder nach innen oder unten wachsen. Lass dabei nur wenige Millimeter stehen, keine Stummel. Sind Äste zu lang, kürze sie ein: Setze den Schnitt 0,5 cm über einer Knospe, die nach außen zeigt. Beim Säulenapfel die Triebe auf 10 bis 15 cm kürzen.

Ernte Die Haupterntezeit ist im September und Oktober. Reife Äpfel lassen sich leicht vom Bäumchen pflücken: Hebe nur die Frucht an und drehe sie leicht oder kippe sie nach oben. Der Apfel sollte sich locker mitsamt Stiel vom Ast lösen.

Mein Tipp

Geschnittene Apfelzweige kannst du für Pflanzenschilder oder Rankhilfen für die junge Mexikanische Minigurke (siehe S. 68) und andere Jungpflanzen nutzen.

Physalis/Andenbeere

Physalis peruviana

Die Physalis ist oftmals auch als Andenbeere bekannt. Der Name weist darauf hin, woher das Nachtschattengewächs ursprünglich stammt: Südamerika.
Mit ihren weichen, herzförmigen Blättern und den kugeligen, orangefarbenen Früchten, die in lampionartigen Hüllen heranwachsen und reifen, hat die Physalis inzwischen viele Fans gefunden. Das zeigt sich nicht zuletzt an regionalen Sorten. Die Freiland-Sorte 'Schönbrunner Gold' gehört zu den Klassikern. 'Beas Dicke' ist eine Züchtung aus Südbaden. Die abgeflachten Früchte haben leichte Rillen – wie ein Kürbis. Kirschförmige Früchte trägt die 'Columbia Cherry'.

Aussaat und Pflanzung Damit die Andenbeeren vor dem ersten Frost reifen, muss die Pflanze früh vorgezogen werden. Säe von der zweiten Februarhälfte bis April in Saatschalen aus, etwa 0,5 bis 1 cm tief. Bei Temperaturen zwischen 20 und 25 °C keimen die Samen binnen drei Wochen. Stelle die Sämlinge danach etwas kühler, damit sie langsam wachsen und kompakt bleiben. Wenn sich das zweite Blattpaar gebildet hat, in Töpfe pikieren.
Nach den letzten Nachtfrösten kann die abgehärtete Jungpflanze im Mai nach draußen in eine Obstkiste oder einen Kübel mit frischer Erde und einer Extraportion organischen Langzeitdünger umziehen.

Mischkultur Andenbeere kannst du mit Basilikum, Pflücksalat und Speise-Chrysantheme kombinieren. Andere Nachtschattengewächse wie Tomate, Paprika und Chili sind als Partner weniger geeignet.

Pflege Die Andenbeere steht gern sonnig-warm, windgeschützt und unter freiem Himmel. Anders als andere Nachtschattengewächse braucht sie nicht so viele Nährstoffe, aber Wasser. Gieße daher regelmäßig und setze eine Bewässerungshilfe ein. Den Boden regelmäßig lockern oder mulchen. Hast du zu wenig Langzeitdünger in das Pflanzloch gegeben, kannst du bei Bedarf mit Flüssigdünger

nachhelfen. Bei guter Pflege kann die Pflanze schon mal an die 2 m hoch und ausladend werden. Gib ihr eine Stütze, damit die empfindlichen Triebe bei Wind nicht abknicken oder sogar brechen.

Die Andenbeere ist mehrjährig, muss aber vor dem ersten Frost nach drinnen umziehen und bei 5 bis 10 °C überwintern. Die Pflanze kräftig zurückschneiden und mäßig gießen. Zum Austrieb im Frühjahr düngen.

Ernte Die Andenbeere ist selbstbefruchtend. Je nach Aussaattermin und Sorte kannst du von September bis zum Frost ernten. Sind die Früchte reif, trocknet die Hülle ein und platzt manchmal am spitzen Ende auf. Die Beeren sind zudem voll orangefarben durchgefärbt und haben keine grünen Stellen mehr. Droht Frost, kannst du die Pflanze nach drinnen umsiedeln. Einmal abgeschnitten, reifen die Früchte nicht mehr nach und sollten dann auch nicht roh verzehrt werden, denn unreife Physalis enthalten Solanin (siehe S. 73).

Vielseitige Physalis

Neben der Andenbeere gibt es in der Physalis-Familie noch weitere Vertreter mit essbaren Früchten. Die hellgelbe Ananaskirsche (*Physalis pruinosa*) verspricht – natürlich – Ananas-Aroma. Tomatillos (*Physalis philadelphica*) gibt es in Gelb, Grün und Violett.

Wein- und Tafeltraube

Vitis

Saftige Trauben sind der Inbegriff des Schlaraffenlands. Für den Balkon gibt es bislang keine speziellen Mini-Züchtungen. Auf sie verzichten musst du dennoch nicht: Ein bisschen Wein geht auch im Kübel. Als geeignet gelten unter anderem 'Regent' mit blauvioletten Trauben sowie 'Phönix' und 'Bianca' mit grün-gelben Beeren. Lass dich vor dem Kauf unbedingt beraten und frage nach, ob die Früchte zum Naschen geeignet sind.

Pflanzung Die Reben werden im April und Mai gepflanzt. Das Gefäß sollte so groß wie möglich sein; Liebhaber setzen die Tiefwurzler stilecht in Weinfässer. Für den normalen Balkon sind diese jedoch viel zu schwer! Doch nicht verzagen: Auch in 30-Liter-Kübeln kann der Anbau gelingen. Die Rebe bleibt aber entsprechend klein und muss gut versorgt werden. Dazu gehört eine frische, durchlässige Pflanzenerde mit zusätzlichem Langzeitdünger. Achte beim Pflanzen darauf, dass die Veredelungsstelle ein paar Zentimeter über der Erde bleibt. Stämmchen kannst du mit genügsamen, niedrig bleibenden mediterranen Kräutern (siehe S. 88) unterpflanzen.

Pflege Die Rebe braucht einen warmen Standort und volle Sonne, damit sie gesund bleibt, gut trägt und die Beeren ausreifen. Achte darauf, dass der Boden nicht austrocknet. Im Garten wurzeln Weinreben tief, um sich aus dem Wasservorrat im Boden zu bedienen. Gieße daher regelmäßig, aber vermeide Staunässe. Eine Bewässerungshilfe ist empfehlenswert. Auch Nährstoffe braucht die Pflanze einige: Versorge sie vom Frühjahr bis zur Ernte mit Wurmkompost oder organischem Dünger. Bei Bedarf ein stabiles Spalier, eine Rankhilfe oder eine Stütze installieren. Die Trauben vor Vögeln schützen.
Die Sorten kommen mit Winterkälte unter-

schiedlich gut zurecht. Isoliere den Kübel vor dem ersten Frost und decke ihn bei Bedarf ab. Im Frühling die Pflanze mit Kompost und Langzeitdünger versorgen.
Reben tragen an einjährigen Trieben, die aus zweijährigem Holz wachsen. Daher gilt es, sie regelmäßig zu schneiden, am besten im Februar und März vor dem Austrieb. Für Fruchttriebe die im Vorjahr abgeernteten Triebe auf ein bis zwei Knospen zurückschneiden. Setze den Schnitt etwa 1 bis 2 cm über der äußeren Knospe an. Zum Auslichten Triebe komplett entfernen. Das ist auch im Sommer eine gute Idee, wenn die Rebe zu viel Laub trägt: So kommt mehr Licht an die Trauben und du verhinderst Pilzkrankheiten wie Mehltau. Kürze Seitenäste (Gerüsttriebe) ein, wenn die Pflanze zu breit wird.

Ernte Weintrauben sind selbstbefruchtend. Die Ernte beginnt je nach Sorte, wenn die Beeren sich komplett verfärbt haben und der Stiel der Traube verholzt – meist im September. Pflücke sie einzeln oder schneide die komplette Traube mit einem scharfen Messer ab. Vor dem Frost alle Trauben entfernen.

Mein Tipp

Junge Blätter von ungespritzten Reben kannst du für gefüllte Weinblätter nutzen. Stiel entfernen, in Salzwasser blanchieren oder darin einwecken.

Asia-Salate

Brassica juncea/Brassica rapa

Asia-Salat ist eine Sammelbezeichnung für verschiedene Blattgemüse aus China und Japan, die als Baby Leaf geerntet werden. Dazu gehören scharfe Blattsenf-Arten wie 'Red Streaks', 'Red Giant', 'Feathergreen' und 'Green in Snow' sowie Senf- und Salatkohl wie 'Pak Choi' und 'Mizuna'. Im Handel gibt es Saatgutmischungen zu kaufen – ideal, um die vielfältigen Gemüse kennenzulernen.

Aussaat Auf einem geschützten Balkon und im Frühbeet kannst du Asia-Salate das ganze Jahr über in Kübel, Kisten, Balkonkästen und Schalen aussäen, solange es nicht friert. Die Asia-Salate keimen und wachsen bei kühlen Temperaturen nur langsamer. Bei etwa 15 °C gehen die Samen binnen weniger Tage auf. Säe je nach Sorte 1 bis 2 cm tief. Für die Baby-Leaf-Ernte genügt ein Abstand von 2 cm. Für Asia-Gemüse nach und nach ausdünnen.

Mischkultur Feldsalat, Möhre, Pflücksalat, Spinat, Winterpostelein und Zuckerschote sind gute Partner. Andere Kreuzblütler wie Radieschen und Rauke meiden, auch in der Fruchtfolge.

Pflege Im Herbst und Frühjahr brauchen die pflegeleichten Asia-Salate einen möglichst hellen Standort. Im Sommer daher eher schattig kultivieren: Hitze und pralle Mittagssonne bekommt den zarten Blättern nicht. Düngen musst du die Erde nicht, aber gleichmäßig feucht halten: Bei Trockenheit werden die Blätter hart und scharf und die Pflanzen gehen in Blüte. In niederschlagsreichen Regionen ist eine Überdachung sinnvoll, um die Pflanzen vor zu viel Regen und Schnee zu schützen. Frost vertragen die Pflanzen gut.

Ernte Milde, junge Blätter kannst du – je nach Jahreszeit – nach vier bis sechs Wochen ernten, wenn die Blätter etwa 10 cm lang sind. Pflücke nur äußere Blätter, damit die Pflanze nachwächst. Nur an frostfreien Tagen ernten. Ältere Pflanzen komplett schneiden und das Grün blanchieren oder zur Blüte kommen lassen. Ab dem späten Frühjahr blüht Asia-Gemüse zitronengelb. Die filigranen Blüten sind eine beliebte Bienenweide.

Mein Tipp

Säe Asia-Salate im Abstand von zwei bis vier Wochen in frei werdende Gefäße aus – so kannst du kontinuierlich frisches Grün ernten.

Die leicht gezackten Blätter des 'Red Giant' haben rote Blattadern und schmecken nach scharfem Senf.

'Moutarde Rouge Metis' und 'Feathergreen' sind mit ihren tief geschlitzten Blättern sehr dekorativ.

Die langen geschlitzten Blätter des japanischen Salatkohls 'Mizuna' schmecken eher mild.

Feldsalat

Valerianella locusta

Auf Feldsalat freue ich mich jedes Jahr. Mit seinen dunkelgrünen Blattrosetten und seinem fein-nussigen Aroma ist er ein Highlight in der spätherbstlichen Pflückbar. Im Spätfrühling sind die vielen winzigen weißen Blüten ein Hingucker.
Da Feldsalat unter anderem anfällig für Mehltau ist, sind entsprechend resistente Sorten wie 'Verte de Cambrai', 'Vit' und 'Elan' empfehlenswert. Als ebenfalls wenig anfällig gilt 'Kölner Palm' (*Valerianella eriocarpa*) – eine regionale, eher hellgrüne Kultursorte des Feldsalats, die seit dem Jahr 2016 Passagier in der Slow Food „Arche des Geschmacks" ist. Als Pflücksalat eignet sich die Sorte 'Holländischer Breitblättriger'.

Aussaat und Pflanzung Je nach Sorte kannst du Feldsalat von Ende Juli bis Januar in Balkonkästen und Kisten aussäen, wenn der Standort geschützt ist und es nicht friert. Mit vorgezogenen Pflanzen lassen sich gezielt Lücken füllen. Eine Aussaat im Abstand von vier Wochen verlängert das Erntefenster. Im kühlen, lichten Schatten gilt eine Sommerkultur als möglich.
Die Samen kommen 1 bis 2 cm tief in die Erde. Für eine gesunde Entwicklung ist ein Abstand von mindestens 5 cm notwendig. Bei Sommeraussaaten wichtig: gleichmäßig feucht halten. Bei Temperaturen um 15 °C keimt Feldsalat binnen drei Wochen. Bei Kälte überwintern Samen und junge Salatpflanzen und wachsen bei entsprechender Pflege im folgenden Frühjahr wieder weiter.

Mischkultur Gute Nachbarn sind Asia-Salate, Erdbeeren, Pflücksalat, Radieschen, Ringelblumen und Winterpostelein. Das Baldriangewächs ist mit keinem Gewächs in der Pflückbar verwandt und kann so nach jedem Gemüse angebaut werden.

Pflege Möglichst sonnig, aber nicht allzu trocken ist der ideale Standort für Feldsalat. Zu

viel Nässe vertragen die zarten Blätter oft nicht: Sie werden anfällig für Fäulnis, Mehltau und Grauschimmel. Ab Herbst ist daher ein geschützter Anbau unter einem Frühbeetaufsatz sinnvoll. Regelmäßig lüften nicht vergessen! Achte zudem auf ausreichend Abstand zwischen den Blattrosetten. Davon abgesehen ist Feldsalat ein anspruchsloses und robustes Gewächs. Nicht düngen, auch weil er sonst Nitrat speichern kann.

Ernte Je nach Aussaatzeitpunkt und Entwicklung ist Feldsalat nach etwa acht bis zwölf Wochen reif für die Ernte. Normalerweise werden die Rosetten komplett knapp über der Erde geschnitten. Bei großblättrigen Sorten kannst du die Blätter aber auch einzeln pflücken – immer nur die äußeren Blätter abnehmen. Zeitnah verzehren oder in einem feuchten Tuch im Kühlschrank aufbewahren.

Mein Tipp

Frühlingshafte Temperaturen treiben den Feldsalat zur Blüte. Wenn du sortenfeste Pflanzen aussamen lässt, kommen sie in der Regel im Herbst von ganz allein wieder.

Winterpostelein/ Winterportulak

Claytonia perfoliata

Winterpostelein, Winterportulak, Gewöhnliches Tellerkraut: Dieser Pflücksalat ist unter vielen Namen bekannt. Ursprünglich stammt das Portulakgewächs aus Nordamerika. Die pfeilförmigen Blätter wachsen an bis zu 15 cm langen Stängeln in Rosetten. Im Frühling bilden sich kleine weiße Blüten, die von einem runden Blatt umschlossen sind.
Wenn du ein oder zwei Exemplare im Frühjahr blühen und sich aussamen lässt, musst du dir keine Gedanken um weitere Aussaaten machen. Winterpostelein vermehrt sich wie sprichwörtliches Unkraut, lässt sich aber dank der flachen Wurzeln einfach jäten. Als zwischenzeitlicher Bodendecker ist das genügsame Pflänzchen daher in meinem Balkongarten willkommen.

Aussaat Winterpostelein kannst du ab Ende August vorziehen und bis Ende November in Lücken setzen. Da die Samen oft erst bei milden Temperaturen keimen, säe ich die feinen Samen direkt aus. Möglich ist das von September bis März, solange es nicht dauerhaft friert. Späte Aussaaten überwintern bei ungünstiger Witterung und gehen im Folgejahr auf. Breitwürfig in Kübel und Schalen oder in Kisten und Kästen in Reihe säen, maximal 1 cm tief. Feucht halten. Keimdauer: 14 Tage. Enge Aussaaten nach und nach auf 10 cm Abstand verziehen.

Mischkultur Als WG-Partner eignen sich Asia-Salate, Erdbeere, Feldsalat, Pflücksalat und Radieschen. In Sachen Vor- und Nachmieter ist Winterportulak unkompliziert.

Pflege Das Tellerkraut ist sehr genügsam und wächst selbst auf magerer Erde, solange diese feucht genug ist. Je weniger Wasser die Pflanze zur Verfügung hat, desto kleiner und zäher werden die Blätter. Außerdem geht sie schnell in Blüte. Daher: Die Erde immer leicht feucht

halten. Bei zu viel Nass von oben ist jedoch ein Schutz empfehlenswert. Ein Winterschutz hingegen ist nicht nötig. Winterpostelein wächst sogar bei eisigen Temperaturen, wenn auch langsamer. An einem sonnigen Standort tauen die Blätter schnell wieder auf.

Ernte Winterpostelein kannst du etwa sechs Wochen nach der Aussaat ernten. Junge, etwa 10 cm lange Blätter samt dem langen Stängel pflücken oder schneiden. Auch der dekorative Blütenstand ist essbar. Wenn du die inneren Blätter stehen lässt, wächst die Pflanze weiter. Alternative: Die komplette Rosette bodentief abschneiden. Ältere Blätter schmecken oft zäh, daher blanchiere ich sie. Auf jeden Fall zeitnah nach der Ernte verwenden oder in einem feuchten Küchentuch kurzzeitig im Kühlschrank lagern.

Alles Portulak oder was?

Auch wenn es der Name nahelegt: Winterportulak ist nicht mit dem Echten Portulak (*Portulaca oleracea*) verwandt. Der einjährige Sommerportulak ist aber ebenso unkompliziert im Anbau wie sein Namensvetter - nur eben in der anderen Jahreshälfte. Mit seinen fleischigen, länglichen Blättern ist er bestens gegen Hitze und Trockenheit gewappnet. Ausdauernd ist der immergrüne Sibirische Portulak (*Montia sibirica*), dem sogar Schatten und Trockenheit nichts ausmachen.

Drinnen gärtnern

Keimsprossen und Grünsprossen

Grünsprossen:
Radieschen

Grünsprossen:
Basilikum

Keimsprossen:
Linsen, Mungbohnen, Radieschen

Grünsprossen (Microgreen) sind essbare Sämlinge von Gemüse, Blumen, Getreide, Hülsenfrüchten und Kräutern. Geerntet wird nur das, was aus der Erde schaut. Keimsprossen werden ohne Substrat gezogen und komplett verzehrt.

Grünsprossen

Säe die Samen dicht in einer flachen Schale aus, die etwa 2 cm hoch mit feuchter torffreier Kräutererde oder Kokossubstrat gefüllt ist. Samen andrücken und bei Bedarf mit Erde bedecken. Auf eine helle Fensterbank stellen und feucht halten. Sobald sich das erste Blattpaar voll entwickelt hat, kannst du die Grünsprossen mit einem scharfen Messer abschneiden.

Welche Sprossen magst du am liebsten?
⟶ Teile deinen Favoriten auf Instagram #meinepflückbar.

Keimsprossen

Wasche und verlese die Keimsaat gründlich und weiche sie in einem Keimglas in abgekochtem Wasser über Nacht ein. Leere und nicht gequollene Samen aussortieren. Ab jetzt das Keimgut mindestens zweimal täglich gründlich spülen und das Glas schräg mit der vergitterten Öffnung nach unten aufstellen, damit das Wasser komplett abläuft.

Essbare Sprossen

Kresse ist der Sprossen-Klassiker, aber nicht der einzige essbare Sämling. Auch Keimlinge von Basilikum, Brokkoli, Erbse, Grünkohl, Kohlrabi, Rotkohl und Rote Bete sind essbar. Senf, Radieschen, Rettich und Rucola sowie Koriander, Dill und Weizengras lassen sich ebenfalls als Grünsprossen ernten. Für Keimsprossen eignen sich auch Alfalfa, Bockshornklee, Buchweizen, Kichererbse, Linse, Mungbohne und Quinoa.

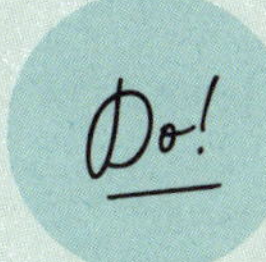

- Verwende nur geprüftes Bio-Sprossensaatgut.
- Entsorge Sprossen, die unangenehm riechen oder aussehen.
- Wasche Keimsprossen vor dem Verzehr gründlich oder erhitze sie.
- Erhitze Sprossen von Hülsenfrüchten unbedingt, damit sie genießbar werden.
- Säubere dein Equipment gründlich und spüle es mit kochendem Wasser ab.

Bezugsquellen

Zubehör

- **Hof Jeebel:** biogartenversand.de
- **Manufactum:** manufactum.de
- **Memolife:** memolife.de
- **4betterdays:** 4betterdays.com

Bio-Saatgut

- **Bingenheimer Saatgut:** bingenheimersaatgut.de
- **Culinaris:** culinaris-saatgut.de
- **Dreschflegel:** dreschflegel-saatgut.de
- **Reinsaat:** reinsaat.at
- **Samenfest:** samenfest.de
- **Sativa:** sativa.bio

Alte und besondere Sorten

- **Arche Noah:** arche-noah.at
- **Magic Garden Seeds:** magicgardenseeds.de
- **Pro Specie Rara:** prospecierara.de
- **Rühlemann's:** kraeuter-und-duftpflanzen.de
- **VEN:** nutzpflanzenvielfalt.de
- **VERN:** vern.de

Pflanzen

- **Blu:** blu-blumen.de
- **Baumschule Horstmann:** baumschule-horstmann.de
- **Feigenhof:** feigenhof.at
- **Hof Jeebel:** biogartenversand.de
- **Lubera:** lubera.com
- **Staudengärtnerei Gaißmayer:** gaissmayer.de

Zum Weiterlesen

- BUND Einkaufsführer für torffreie Erde: bund.net/torffrei
- Joachim Mayer: Biodünger selbst herstellen. Kosmos
- Elisabeth Mecklenburg: Mein City Obstgarten. Fruchtiges Nasch-vergnügen für Balkon & Terrasse. GU
- Melanie Öhlenbach: Grüner geht's nicht. Nachhaltig gärtnern auf dem Balkon. Kosmos
- Melanie Öhlenbach: Coole Ernte. Balkongärtnern im Winter. Kosmos
- Balkongarten-Blog Kistengrün: kistengruen.de
- TU Berlin zu Belastung von Stadtgemüse: idw-online.de/de/news486844

Dank

An Andreas, der mutig alles aus meiner Pflückbar probiert, und alle Kistengrün-Fans. Außerdem dem Team von KOSMOS, insbesondere meinen Lektorinnen Anja Flehmig und Carolin Küßner, sowie meinem Agenten Niclas Schmoll von der Michael Meller Literary Agency.

Register

Fette Zahlen verweisen auf die Porträtseiten

Gärtnern auf dem Balkon.
—— mit Melanie Öhlenbach

128 Seiten, ca. € (D) 18,00

Gärtnern auf Balkon und Terrasse macht unsere Städte immer lebenswerter. Aber wie schafft man es, den Balkon umweltfreundlich ergrünen zu lassen? Melanie Öhlenbach zeigt, wie man in Töpfen und Kisten nachhaltig gärtnert: mit plastikfreier Ausrüstung, ressourcenschonenden Substraten, insektenfreundlichen Blumen, Ziergehölzen und Kräutern und köstlichem Mini-Obst. Mit ihren praktischen Lösungen und kreativen DIY-Ideen gelingen auch Anfängern ökologisch wertvolle Oasen für Mensch und Tier. Produziert nach dem zertifizierten Cradle-to-Cradle-Prinzip.

Was machen begeisterte Balkongärtner*innen, wenn im Herbst die Tage grau und die Nächte rau werden? Ganz klar: Jetzt ist Zeit für Feldsalat, Pak Choi, Mangold, Sprossen und Microgreens! Melanie Öhlenbach zeigt, was es beim Anbau in Töpfen, Kübeln und Kisten auf Winterbalkon, -terrasse und Fensterbank zu beachten gibt – von Aussaat, Pflanzung und Frostschutz bis zur Ernte. Schritt-für-Schritt-Anleitungen, DIY-Projekte und Pläne zur idealen Bepflanzung machen Mut, den grünen Daumen auch zur ungewohnten Zeit zum Einsatz zu bringen.

96 Seiten, ca. € (D) 16,00

kosmos.de

Bildnachweis

Mit 186 Farbfotos von:

Adobe Stock (74): /Alena: 107; /Alex_Traksel: 63 li.; /annabell2012: 123; /annettbro: 59; /Catherine Murray: 33; /Chamois huntress: hintere Innenklappe li.; /ChrWeiss: 85 u.; /Cora Müller: 82; /Daniela Baumann: hintere Innenklappe Mi.li.; /davello: 131 o.re.; /Denis Shitikoff: 103 re.; /dusk: 86 o.; /ela110: 92; /Elisabeth Coelfen: 50; /eqroy: 41 u., 67 o.re., 81 u.; /etfoto: 47 re.; /Fotema: 68; /fotomarekka: 61; /gohdafunk: 32; /Grigory Bruev: 102; /gritwerner: 42; /groisboeck: 49 li.; /Harald Walker: 134; /hcast: 14 u.re.; /hitdelight: 56; /Hristina: hintere Innenklappe re.; /ID1974: 105 li.; /Igor Normann: 126; /Iryna: 96; /Janis: 106; /ji-images: 35; /Joachim: 79 li.; /karandaev: 98; /L.Bouvier: 105 re.; /Lapis2380: 25 o. li.; /LianeM: 129; /lynea: 77 li.; /Madelaine: 73; /marcin jucha: 62; /Marina: vordere Innenklappe u.re.; /Markus Spiske: 11 li.; /MG-Pictures: 31; /Miyuki Satake: 25 o.re.; /mubus: 25 u.li.; /Nata_zhekova (2): 78, 136 o.; /Nataliya: vordere Innenklappe u.li.; /Nina Niebuhr: 44; /Olga Kuckina: 136 u.li.; /olindana: 85 o.re.; /Patrick Daxenbichler: 4/5; /Pavel Gerasismenko: 103 li.; /Paylessimages: 121; /raimunda-losantos: vordere Innenklappe o.Mi.; /RRF: 113; /Ruckszio (2): 120, 131 u.; /sailer: 94 re.; /shimarisu: 79 re.; /Sieglinde Scheer: 13 o.li.; /Sinuswelle: 111; /summersum: 86 u.re.; /svf74: 71 u.; /ulliosion: 127; /Vasylyna Maksymovych: 81 o.re.; /Veres Szilard (2): 41 o.li., 66; /VRD: 25 u.re.; /Wirestock: 110; /Wirestock Creators: 135; /YuiYuize: 95 li.; /zeralein: 48 li.; **Anja Flehmig (2):** 19 (Nr. 5), 27 (Nr. 5), 83 (Nr. 2); **Flora Press (20):** /Barbara Ellger: 101 u.; /BIOSPHOTO_Jean-Michel Groult: 67 o.li.; /Botanical Images: 101 o.li.; /Flora production: 3; /FLPA Images of Nature: 67 u.; /FocusOnGarden_Sibylle Pietrek: 52/53; /Gartenfoto.at: 99 re.; /Georgie Steeds: 60; /GWI_Sara Sorensen: 101 o.re.; /Kerstin Schmidt: hintere Innenklappe Mi.re.; /Martin Hughes-Jones: 75 o.li.; /Meyer-Rebentisch (3): 39 u.li., 65, 136 u.re.; /Otmar Diez: 57; /Serge Lapouge: 26; /Sibylle Pietrek: 17 li.; /Ute Klaphake (2): 39 o.li., 75 u.li.; /Visions: 114; **GAP Photos (15):** vordere Innenklappe o.re., 14 o., 14 u.li., 21, 34, 37, 77 re.; /Chris Burrows: 41 o.re.; /Gary Smith: Außenklappe vorne; /Nicola Stocken: 144; /Paul Debois (2): 86 u.li., 125 re.; /Robert Mabic (3): 28/29, 45, 89; **Andreas Holling (2):** 6, 12, 20, 30, 38, 45, 93, 99, 110, 118, 130, Außenklappe hinten; **Melanie Öhlenbach (32):** 11 re., 13 o.re., 13 u., 18, 19 (Nr. 1–4, 6), 22, 27 (Nr. 1–4), 36, 39 u.re., 51 (Nr. 1–5), 55, 75 o.re., 75 u.re., 83 (Nr. 1 u. 3), 100, 109 (Nr. 1–4), 132; **ReinSaat GmbH (3):** 70, 71 o.li., 71 o.re.; **Shutterstock (26):** /Amit kondal: 91; /Bildagentur Zoonar GmbH: 90; /Brent Hofacker: 108; /Digihelion: 99 li.; /Digoarpi: 49 re.; /Dusan Zidar: vordere Innenklappe o.li.; /Elena Koromyslova: 95 re.; /ElenVik: 131 o.li.; /Elusive Edamame: 8/9; /encierro: 81 o.li.; /Endless luck: 63 re.; /Fotyma: 133 li.; /FoxglovesAndStockings: 47 li.; /Letterberry: 43; /Likee68: 97; Max_555: 69; /Miriam Doerr: 39 o.re.; /Nahhana: 94 li.; /Nigel J. Harris: 85 o.li.; /Olga Llinich: 115; /sashahaltam: 58; /Supaleka_P: 48 re.; /suprabhat: 80; /TG23: 17 re.; /theapflueger: 122; /Tom Meaker: 93; **Friedrich Strauss Gartenbildagentur (9):** /Friedrich Strauss (9): vordere Innenklappe u.Mi., 64, 76, 104, 112, 124, 125 li., 128, 133 re.; **Annette Timmermann (3):** 7, 116/117, 119.

Mit 13 Illustrationen von Kadie Schmidt-Hackenberg.

Impressum

Umschlaggestaltung von GRAMISCI Editorialdesign/Claudia Geffert unter Verwendung von 2 Farbfotos von Annette Timmermann (Umschlagvorderseite) und Friedrich Strauss Gartenbildagentur /Friedrich Strauss (Umschlagrückseite).

Mit 188 Farbfotos und 13 Illustrationen.

Alle Angaben in diesem Buch sind sorgfältig geprüft und geben den neuesten Wissensstand bei der Veröffentlichung wieder. Da sich das Wissen aber laufend in rascher Folge weiterentwickelt und vergrößert, muss jeder Anwender prüfen, ob die Angaben nicht durch neuere Erkenntnisse überholt sind. Dazu muss er zum Beispiel Beipackzettel zu Dünge-, Pflanzenschutz- bzw. Pflanzenpflegemitteln lesen und genau befolgen sowie Gebrauchsanweisungen und Gesetze beachten.
Die Blütenfarben sind sortenabhängig, daher können auch Farben auf dem Markt sein, die im Buch nicht genannt werden.
Die Blütezeiten sind ebenfalls sortenabhängig, aber auch klima- und standortabhängig. Die angegebenen Wuchshöhen und -breiten der Pflanzen sind Mittelwerte. Sie können je nach Nährstoffgehalt des Bodens variieren. Verschiedene Sorten können deutlich größer oder auch kleiner wachsen als die Art.

Unser gesamtes Programm finden Sie unter **kosmos.de.**
Über Neuigkeiten informieren Sie regelmäßig unsere Newsletter, einfach anmelden unter **kosmos.de/newsletter**

Gedruckt auf umweltfreundlichem Papier, klimaneutral hergestellt.

Gedruckt nach der Richtlinie „Druckerzeugnisse" des Österreichischen Umweltzeichens. gugler*print, Melk, UWZ-Nr. 609, www.gugler.at

ISBN 978-3-440-17382-4

Projektleitung: Carolin Küßner
Redaktion und Bildredaktion: Anja Flehmig
Gestaltungskonzept: GRAMISCI Editorialdesign/Claudia Geffert
Gestaltung und Satz: Daniela Petrini
Produktion: Klaus Jost
Druck und Bindung: Gugler GmbH, A-Melk/Donau
Printed in Austria/Imprimé en Autriche